# VENDAS

## UMA HERANÇA DE PAI PARA FILHO

VENDAS — UMA HERANÇA DE PAI PARA FILHO

Categoria: Desenvolvimento pessoal e profissional

Primeira edição — 2023


*Autor:* Paulo Cesar Pradella Sales

*Projeto Gráfico e editorial:* Yesbooks Editora

*Coordenação editorial:* Filipe Mouzinho

# PREFÁCIO

Sempre que você quiser conhecer uma história de fato não se atenha somente ao seu momento atual, muito menos para os louros de suas muitas conquistas, nem para o glamour daquilo que o sujeito da história aparentemente desfruta. Volte os seus olhos para o COMEÇO!

Existe um poder no começo que poucos conhecem e que muitos desprezam. Se o ser humano tivesse consciência da força desse poder, seriam poucas as desistências observadas pelos semblantes frustrados que vemos aos montes por aí. Não abriríamos mão facilmente dos nossos projetos e sonhos, mas pagaríamos o preço da perseverança, dos desafios que mais parecem uma resposta negativa ao que queremos, das renúncias, do máximo esforço, o preço por acreditar e de começar a fazer, mesmo com tantas vozes contrárias e cenários desfavoráveis.

Os outros só conseguirão ler a nossa história se ela tiver um começo, e é por isso que temos esta obra em nossas mãos, pois um dia o Vicente decidiu começar, e isso foi determinante para que estejamos aqui ainda assistindo o desenrolar de uma jornada tão brilhante quanto essa. O final só existe por causa do início de algo. Até com a vida é assim que acontece, nascemos e morremos, e entre um ponto e outro existe uma construção. O livro dos princípios milenares que rege a humanidade, atravessando as mais poderosas mudanças dos séculos e que tem perdurado diante de quedas e surgimento de impérios poderosos, a Bíblia nos diz: "não desprezem os pequenos começos" (Zc. 4.10), pois a tendência do ser humano sempre é tentar enxergar a conclusão de tudo pelas dificuldades dos primeiros momentos, mas agir assim é sabotar os seus próprios sonhos. Não existe glória maior para um homem do que poder rever a sua vida como um filme em sua memória e agradecer por não ter escolhido parar na primeira proposta da dificuldade. É isso mesmo: você pode ter a dificuldade como "alguém que vai pagar com mediocridade" para que você desista de você mesmo, ou como um "personal trainer" que te ensinará a se utilizar da força da pressão contrária para te tornar mais forte e resistente para ir até o fim.

Desistir é fácil. É para a maioria. É o normal. Isso geralmente acontece por crenças mentirosas, não somente limitantes em nossa mente que nos convencem de que é impossível, talvez pela história da nossa própria família, por referências equivocadas ou por conselheiros malditos que nos falam que o impossível não é para gente. Essa é a voz que nos diz: "veja como você está começando... acha mesmo que irá conseguir?" Mas você já parou para se perguntar: "Por que o impossível não é para mim também?" Mas é! O impossível é para quem está disposto a começar, a continuar, a ir além.

São de pessoas como o Vicente que precisamos ter como referência para nossa caminhada. O conheço como Paulo Cesar, mas o mundo o conhece como "O Vencedor"! Com certeza já passou por muitos momentos dolorosos, mas nenhum foi maior ou suficiente para fazê-lo parar. Ele começou e só foi para frente, e pessoas que assim agem conseguem chegar aonde querem ir. Tive o prazer de batizá-lo em sua caminhada com o Senhor Jesus Cristo, e a alegria em ter sua esposa e ele caminhando junto conosco. É um grande privilégio poder ver alguém com tantas conquistas entender que nenhuma delas foi suficiente para preencher o vazio que todo ser humano tem em seu interior, e nisso se encher daquilo que é Eterno e não passageiro, pois esse é o ciclo vicioso da alma: tentar preencher com aquilo que passa o que só pode ser completo por aquilo que permanece. Esse é o caminho e a solução que todos buscam e que só pode ser encontrado em Jesus Cristo.

Que esta leitura possa inspirar sua alma e clarear seu entendimento para que não haja em seu futuro nenhuma outra opção que não seja a de começar a viver hoje o melhor tempo da sua vida. Tenho certeza que a história de vida e carreira do Vicente trará para você inspiração e convicção de propósito, fazendo com que você entenda que não há nada mais poderoso do que a coragem de começar a escrever a sua própria história.

**Bruno Brito**

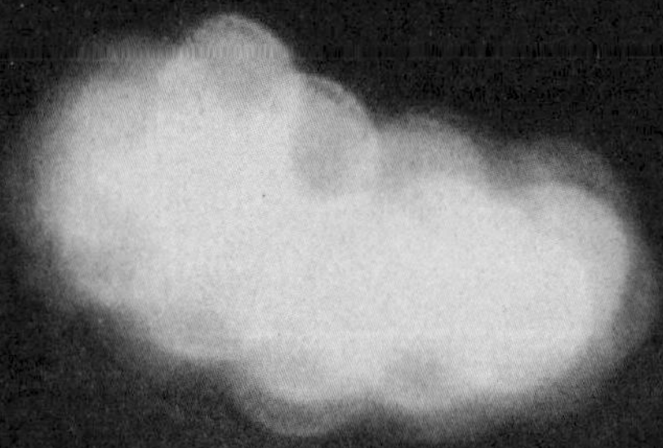

# Bruno Brito

*Bruno Brito é casado com Vanessa Batista, com quem tem uma família linda e abençoada. É natural de João Pessoa, na Paraíba, e tem exercido seu ministério pastoral há 15 anos, sendo os últimos cinco à frente da Igreja Pura Fé na cidade de São Paulo SP, onde é o fundador e bispo sênior ao lado de sua esposa.*

# capítulo 1

# como nasce um vende-dor

Sou nascido e criado em São Paulo, na região de Osasco, para ser mais exato. Minha mãe é natural dessa região também, já o meu pai e toda a sua família vieram do Paraná, das cidades Maringá e Londrina. Cresci em Osasco e estudei praticamente a minha vida toda na Unidade da Fundação Bradesco, escola localizada na Cidade de Deus, em Osasco.

Os meus pais se conheceram na empresa onde trabalhavam, no Unibanco, ambos eram bancários, embora o meu pai estivesse ainda em início de carreira. A família da minha mãe foi uma das primeiras a chegar na região de Osasco, no bairro chamado Vila Yara e começaram a desenvolver relacionamentos naquele lugar.

Quando mais nova, era notório que minha mãe entraria no banco e ficaria ali até sua aposentadoria, e foi exatamente assim que aconteceu. Aquele banco foi o seu primeiro emprego, de onde só saiu aposentada. Quando ela começou a trabalhar no banco, ele era chamado de Unibanco, e muitos anos depois, quando ela saiu, já havia sido vendido para o Itaú e hoje tem esse nome.

A minha mãe começou a trabalhar no banco ainda muito jovem, passou por todos os processos bancários trabalhando com grandes diretores, presidentes, superintendentes e toda a gestão bancária. Com a fusão do Unibanco com o Itaú, ela permaneceu na companhia e mesmo depois de se aposentar, o banco não a deixava sair, o que é bem raro de se ver atualmente. Eles queriam que ela ficasse mais tempo, então ela ficou por mais alguns anos até finalmente se aposentar.

Isso tudo porque ela era muito dedicada, extremamente correta e coerente com os colegas de trabalho, os diretores não queriam deixá-la parar. Contudo, ela já estava bastante cansada da rotina de acordar às 6 da manhã todos os dias e passar o dia todo no trabalho, e foi por isso que ela parou tendo um único registro na Carteira de Trabalho durante toda a sua vida no mesmo lugar.

Quando os meus pais se conheceram, nesse mesmo banco, algumas coincidências uniam os dois, eles tinham vários amigos em comum no bairro em que moravam em Osasco.

Pouco antes de decidir vir com a família toda para São Paulo, meu avô paterno, que era dono de um cartório em sua cidade, havia se candidatado à prefeito e perdeu a eleição, o que o deixou extremamente chateado porque ele acreditava que por causa de todas as coisas que ele fazia para o povo, acabaria sendo eleito e isso não aconteceu.

A verdade é que, naquela época, os candidatos pensavam que, se dessem benefícios para as pessoas, elas acabariam votando neles, então, como dono de cartório, meu avô registrou muitas certidões de casamento e nascimento gratuitamente para as pessoas, acreditando que seria eleito naquela cidade; contudo, ele não foi e isso o deixou bastante irritado.

Diante de toda essa irritação e chateado com o povo, meu avô decidiu vir embora para São Paulo, onde chegou com meu pai, que era o filho mais velho, se estabilizou financeiramente e depois trouxe toda a família.

Quando aterrissaram na cidade, meu avô logo se encantou com tantas possibilidades que poderiam surgir nessa terra, viu a quantidade de prédios enormes e disse: "*Vou me identificar com esse lugar.*" Ele estava vindo de uma cidade do interior do Paraná e agora via uma cidade muito comercial, logo percebeu a quantidade de negócios que poderia fazer ali.

Morando em São Paulo, rapidamente o meu avô já estava com a situação financeira estabilizada e ainda melhor do que era no Paraná, e quando isso aconteceu, ele trouxe o restante da família para morar com ele.

Naquela época, o meu pai não queria mais viver na dependência do meu avô, muito menos dos negócios dele, então começou a trabalhar em um banco, inclusive chegou a montar uma loja de calçados com seus irmãos bem em frente ao Unibanco, e foi nesse mesmo período que ele conheceu a minha mãe e começaram a se relacionar. No entanto, a diferença social entre os dois era gritante, pois meu pai vinha de uma família que tinha um boa condição financeira, já a condição da minha mãe era bem inferior.

## O AMOR PREVALECEU

Meus avós maternos tiveram 13 filhos. Meu avô trabalhava na prefeitura da cidade, nunca teve muito estudo nem conhecimento, sequer teve um carro e isso mostra as realidades completamente opostas que meu pai e minha mãe viviam.

Mesmo com toda essa diferença financeira, eles se amavam muito e queriam estar próximos um do outro. Fizeram de tudo, brigaram de todas as formas com o objetivo de manter o relacionamento e conseguiram se casar, ainda que contra a vontade do meu avô paterno, que sequer foi ao casamento, mas ao contrário dele, os outros membros da família foram e sempre apoiaram muito o meu pai.

Esse relacionamento era tão desprezado por meu avô que ele até começou a retirar os bens materiais que havia dado para o meu pai, tentando dificultar que ele e minha mãe ficassem juntos, ainda assim, com toda essa dificuldade, ele não desistiu, "bateu o pé", casou-se com minha mãe e assim permaneceram casados por 25 anos.

Depois de todo esse tempo e devido aos desgastes do relacionamento, hoje os meus pais não estão mais juntos, por opção deles. Meu pai seguiu com a sua vida e minha mãe casou-se novamente e teve uma outra filha, minha irmã Bruna, que já tem 25 anos.

A minha família é enorme! Por parte de pai, tenho sete tios e tias, por parte da minha mãe são 13. Era muito comum antigamente que as famílias fossem assim bem grandes, o que é bem raro nos dias de hoje. Por esse motivo, posso dizer que cresci em uma família muito alegre. Meus 20 tios e tias deram origem a 80 primos.

Naquela época, ninguém precisava esperar até o Natal ou qualquer festa para se encontrar, estávamos juntos todos os finais de semana e era uma verdadeira ansiedade até que o encontro acontecesse. Eu sempre digo que não se fazem mais homens como antigamente, porque meus avós tinham uma habilidade muito grande de reunir as pessoas, mesmo que não tivéssemos a condição financeira para reunir todo mundo.

Hoje, mesmo mandando convites em casa, fazem de tudo para reunir a família e ainda assim é praticamente impossível que todos estejam juntos, e isso não é apenas na minha família, mas, sim, em todas. Naquela época, se reuniam com uma naturalidade absurda e estávamos juntos todos os finais de semana, lembro-me de que um tio levava algo para compartilharmos, uma tia levava também e passávamos os dias juntos em alegria e harmonia.

Depois de um tempo, perdemos nossos avós e essa união foi diminuindo e o mundo foi se encarregando de dar direção diferente a cada um, ao mesmo tempo, as pessoas começaram a cuidar de suas vidas e deixaram de se preocupar em se reunir. Para mim, hoje se vive muito de aparências e naquela época não havia nada disso.

Então, venho de uma família muito grande e abençoada também, e como qualquer outra tivemos nossas dificuldades e problemas, mas todos se amavam e gostavam de interagir entre si. **Esse amor familiar nos fez crescer muito.**

## NOSSAS HISTÓRIAS

Ouvindo muitas das histórias que meus pais me contavam, entendi que o meu avô paterno queria que o meu pai se casasse com alguém que tivesse a mesma condição financeira que eles tinham na época. Inclusive, meu pai chegou a ter namoradas de "famílias boas", como meu avô considerava. Naquele tempo, ainda era normal os casamentos arranjados, contudo, o meu pai não se sentia bem e estava infeliz com as pessoas com quem se relacionava.

A minha mãe sempre foi uma mulher muito bonita, se não fosse a mais bonita do Brasil na época, e não falo isso porque é minha mãe, mas porque a sua beleza era realmente fascinante. Ela é loira natural, tem olhos claros, além disso, vem de uma família italiana de gente alegre, e isso fez com que o meu pai se encantasse por ela e pela família toda.

Tenho cinco tios homens por parte de mãe, todos mestre em capoeira e artes marciais, meu pai se identificava muito com isso e os seus irmãos e os da minha mãe se davam muito bem, o que fez com que um dos irmãos do meu pai, o tio Adalberto, namorasse por cinco anos a minha tia Roseli, irmã da minha mãe. Eles chegaram até a ficar noivos, mas por alguma razão não ficaram juntos.

Meu pai e meus tios tinham uma casa noturna, e depois que se casou com a minha mãe tiveram uma outra casa de *shows* em São Paulo, na Vila Madalena, na Rua Heitor Penteado, que ficou ativa por mais de 30 anos. Lá tocaram grandes nomes da música brasileira, e nesse mesmo local as pessoas se reuniam, inclusive meus tios, minhas tias e suas famílias.

O meu pai sempre teve sangue de vendedor correndo em suas veias, e meu avô foi uma grande influência para isso porque ele sempre teve vários negócios, como concessionária, loja de móveis para escritório, sempre trabalhou em vários ramos diferentes porque nunca gostou de sobreviver de apenas um negócio.

Quando meu pai começou a trabalhar no banco, percebeu que as coisas ali dentro eram meio estagnadas e ele como uma pessoa muito agitada, voltada mais para o comercial, possuía uma inquietude natural muito grande. Já minha mãe, vinda de uma realidade totalmente diferente, buscava a segurança que aquele lugar oferecia para ela, porque não queria viver nas condições que sua família vivia.

Depois de um tempo, meu pai deixou de trabalhar no banco e foi trabalhar em áreas ligadas a vendas, eu era muito pequeno nessa época e não me recordo muito bem desse período, mas consigo me lembrar de quando era um pouco maior e via meu pai entrar em um ramo completamente oposto ao trabalho do banco: ele foi trabalhar no setor moveleiro. Logo foi trabalhar na loja Marabraz, que hoje é muito famosa, no entanto, na época, nem era conhecida ainda.

É óbvio que anteriormente a esse emprego meu pai trabalhou em outras empresas, contudo, eu não me recordo disso e sei que o lugar que mais me marcou foi a loja Marabraz, onde ele permaneceu por mais tempo. Quando ele entrou para trabalhar, a loja contava com bem poucas unidades, não tinha divulgação na mídia, era uma loja familiar e permanece assim até hoje, sendo conduzida pela família Fares, mais precisamente por Nasser Fares.

Meu pai começou a carreira de vendedor naquela loja e toda oportunidade que ele tinha que não fosse um final de semana ou feriado, ele me levava para ficar com ele e eu adorava aquilo, me divertia muito quando eu passava o dia inteiro ao lado dele na loja de móveis.

## "FUI CRESCENDO E DESENVOLVENDO UM ESPÍRITO VENDEDOR"

Enquanto meu pai atendia aos clientes, eu estava junto dele, ele me apresentava às pessoas e dizia: *"Esse é o meu filho, ele veio trabalhar comigo".* Hoje, com a maturidade que tenho, entendo que muitas vezes essa atitude dele ajudava a construir muitas vendas porque as pessoas viam que ele era um excelente pai, que levava o filho para trabalhar junto com ele, isso de alguma forma cativava ainda mais as pessoas e o levava a obter êxito em suas vendas. Dessa forma, meu pai foi construindo a sua carreira de vendedor na Marabraz.

Muitas vezes, quando eu ia com ele para o trabalho, ficava na porta da loja entregando os folhetos com as fotos dos móveis e tentava chamar as pessoas para dentro, eu queria ajudar de alguma forma, isso era uma coisa prazerosa para mim e eu não fazia por dinheiro, apesar de meu pai sempre me dar algum valor para comprar ou fazer o que eu quisesse; contudo, eu fazia porque me sentia bem mesmo.

Dentro desse cenário, fui me encantando pelo mundo das vendas ainda muito jovem, e à medida em que eu crescia, me acostumei a ver meu pai bater todas as metas da loja, a deixar de ser vendedor e ser promovido a gerente. Isso era uma emoção muito grande.

Foi dentro dessa loja que o meu pai iniciou a sua carreira de grande homem de vendas. Ali o vi determinado a bater metas e a se tornar o gerente e isso o levou rapidamente a dobrar o faturamento daquela empresa.

Quando eu completei 15 anos de idade, meu pai quis que eu me tornasse um funcionário da loja, e falando com o RH recebeu a resposta de que não poderiam contratar um menor de idade, porém, conversando com o dono da loja, surgiu a ideia de emancipação. Para falar a verdade, naquele tempo, não se tinha muito conhecimento sobre isso, mesmo assim os meus pais foram ao cartório e me emanciparam, então passei a ter as mesmas responsabilidades de um rapaz de 18 anos.

Nasser, dono da loja, sempre passava por todas as lojas para ver como estava o andamento porque ele era totalmente interessado nisso, e no dia em que o meu pai falou sobre eu trabalhar na loja, foi o próprio Nasser quem sugeriu a emancipação. Acredito que ele não tinha imaginado que o meu pai levaria isso tão sério e tenho certeza de que ele falou por educação e até mesmo por consideração a meu pai.

A verdade é que ele não me conhecia direito e não passava o tempo que meu pai ou os outros vendedores passavam comigo ali, então não tinha o entendimento de que eu sabia o que estava fazendo. Ele imaginava que me registrando ali naquela loja não mudaria em nada a vida dele, e que um funcionário a mais recebendo 1500 a 2000 cruzeiros, o que é equivalente, em média, a 1000 reais hoje, não faria a menor diferença.

Meu pai não pensava como ele, e levando tudo isso muito a sério foi até o cartório e junto com a minha mãe me emanciparam. Isso foi muito legal para mim. Naquela época, com quase 15 anos de idade, eu já queria muito dirigir, eu adorava carro, meu pai já tinha um e algumas vezes me deixava dirigir ao lado dele, então, na minha cabeça, a ideia de me emancipar me deixaria regular para poder dirigir.

A partir daquele momento, nasceu uma grande oportunidade, e juntamente com ela uma responsabilidade profissional e um grande homem de vendas que viveria e trabalharia na realidade das vendas. Isso foi muito importante para a minha formação não apenas como vendedor, mas como um homem também. E foi assim, aos 15 anos de idade, emancipado, que comecei a trabalhar como vendedor de móveis da loja Marabraz, além disso, tirei a minha habilitação e comecei a dirigir.

**"TUDO FOI MUITO PRECOCE PARA MIM PORQUE EU QUERIA QUE ESSE PROCESSO ACONTECESSE"**

Apesar de todas essas coisas terem acontecido de maneira tão natural, eu me interessava muito por tudo aquilo. Logo me tornei vendedor da loja, tive meu primeiro registro em carteira ainda aos 15 anos de idade e trabalhando na mesma empresa onde vi meu pai crescer, ter uma vida financeira estável com seus recursos próprios.

Quando comecei a trabalhar, passei a ser cobrado muito além dos outros funcionários, pois o meu pai não aceitava que eu, sendo vendedor, filho de um grande campeão respeitado dentro da companhia, ficasse em segundo lugar em vendas, muito menos em terceiro.

Por causa disso, tive que me dedicar muito e aprender tudo. Eu chegava mais cedo que todos os meus colegas e saía bem mais tarde, tudo isso para aprender a operar o sistema da empresa, a fazer pedidos, saber se tínhamos o produto em estoque e até mesmo aprender a fazer virada de venda caso o produto não estivesse mais disponível. Com isso, eu estava me tornando um profissional no mercado de móveis, enquanto o meu pai continuava crescendo até se tornar diretor de vendas.

# capítulo 2

a
maior
refe-
rência
de
todas

O meu pai sempre foi uma referência para mim no mercado de vendas. Ele é uma pessoa muito sistemática, por ser o filho mais velho não pôde errar muito e, por causa disso, desenvolveu um lado perfeccionista. Claro que ele não poderia me tratar de maneira diferente.

Eu cresci com grandes responsabilidades, o meu pai me tirava da cama bem cedo, mesmo que não tivesse compromisso algum durante aquele dia, ele não aceitava que eu ficasse dormindo até tarde e, antes de sair para trabalhar, já entrava no meu quarto, abria a janela e dizia: "*Vamos levantar, o dia está lindo, toma seu banho e depois vai tomar café.*" Hoje eu entendo que o que ele realmente queria era que eu não me tornasse uma criança acomodada, ou como muitas que vivem hoje sem responsabilidade alguma.

Mesmo nos dias em que não tinha nada para fazer, ele me tirava da cama e me obrigava a brincar com outras crianças ou a fazer alguma atividade. Dessa forma, eu fui crescendo com responsabilidades e como costumo sempre dizer para as pessoas, o meu pai foi uma parte fundamental no processo da minha criação como **homem de vendas**, entretanto, mais do que isso, um batedor de metas porque não se resume apenas a vender, pois quem vende apenas paga as contas e quem bate as metas fica rico, então, essa sempre foi a minha ideia e eu cresci escutando isso.

Me recordo do tempo em que eu ainda não trabalhava. Se eu não estivesse com o meu pai aos finais de semana na loja, eram raríssimos os momentos em que passávamos juntos para nos divertirmos ou passear, até mesmo os momentos de férias com ele eram raros.

Isso incomodava um pouco a minha mãe porque ela vinha de outra realidade. Sempre trabalhando em banco, tinha os horários dela, entrava às 8:30h e saía às 18h, isso de segunda a sexta-feira, então ela tinha o sábado e domingo livres e, muitas vezes, achava que não era necessária essa cobrança toda em cima de uma criança. De fato, era isso que eu era, mas eu gostava daquilo e me identificava com o que meu pai fazia, no entanto, minha mãe entendia que eu ainda tinha as vontades de um menino de 14 anos e tentava respeitá-las.

Mesmo assim, enquanto a maioria das crianças ainda estavam brincando e indo para a casa dos seus avós, eu já estava dirigindo um carro zero, um Audi A3, que na época para mim era um baita carro.

Naquele tempo, as crianças de 15 anos faziam coisas de criança mesmo, não se comportavam como adultos como fazem hoje. Eu tenho 40 anos e há 25 anos as coisas eram diferentes. Meus primos que tinham a mesma idade que eu ainda brincavam na casa da minha avó comendo churrasco, enquanto eu já estava trabalhando.

Eu tive poucos momentos de diversão nesse período de adolescência. Eu curti e me diverti muito, mas de uma forma diferente e um tanto adulta. Ia para lugares onde os adultos iam e isso foi me amadurecendo ainda mais rápido, e me levando a uma realidade totalmente oposta a que os meus primos viviam.

Quando meu pai começou a trabalhar na Marabraz, eu tinha apenas 8 anos de idade e já me achava um vendedor. Eu o admirava bastante, inclusive queria usar as mesmas roupas que ele, eu gostava de me vestir com roupas sociais e brigava para usar sapatos como os dele. Eu queria estar vestido como ele porque me identificava com aquilo, mesmo que eu visse que as crianças da minha idade usavam camisetas, calças de moletom, tênis e às vezes até chinelo.

Lembro-me de dizer: *"Poxa pai, eu quero um sapato, eu quero uma calça dessa igual a do senhor."* E ele sempre buscava fazer aquilo que despertava o interesse em mim.

Ainda com 8 anos de idade eu ia à loja com o meu pai, ele trabalhava na Rua 25 de Maio, ao lado do antigo *Mapping* e eu ficava na porta entregando folhetos, enquanto ele estava lá dentro vendendo. Esses momentos para mim não tinham preço, era uma alegria saber que, muitas vezes, as vendas que ele fazia era para clientes que eu tinha abordado e levado para dentro da loja. Eu me sentia muito satisfeito com isso.

Ele sempre foi muito competente e tinha um nível de aproveitamento absurdo, fora da realidade mesmo, era um homem preparado e sabia muito bem o que estava fazendo. Na maioria das vezes que um cliente entrava para ver apenas um sofá, saía com todos os móveis para sua casa porque meu pai tinha conseguido vender tudo.

Naquela época, a loja Marabraz já tinha preços de lojas populares e meu pai conseguia fazer condições ainda melhores, e convencendo as pessoas a levarem tudo o que precisassem. Por causa disso, ouvi muitas vezes as pessoas dizerem que ele só não fazia chover, isso porque ele tinha uma técnica de apresentação e de vendas espetacular.

**"O QUE PARA OS OUTROS ERA MUITO DIFÍCIL, PARA O MEU PAI SEMPRE FOI FÁCIL"**

Nesse período, eu saía da escola onde estudava pela manhã e ficava doido para encontrar o meu pai, então, muitas vezes, eu pegava um ônibus de Osasco até a estação de trem e da estação fazia baldeação até o Anhangabaú. Fazia isso sozinho, o que deixava a minha mãe com muito medo.

Estou falando de São Paulo, uma cidade que não para e é muito grande, além de ser perigosa. No entanto, o meu pai me ensinava a não falar, não olhar e não dar atenção a ninguém, além de não aceitar nada de estranhos, então eu ia.

Hoje, quando me lembro de tudo isso, não sei se o meu pai era muito corajoso ou eu que não teria a mesma coragem, porque se você parar e pensar em uma criança de 8 ou 9 anos circulando dentro de São Paulo, uma cidade gigante como essa e com as responsabilidades que eu tinha, consegue crer que meu pai era mesmo muito corajoso e minha mãe, ao contrário, era muito medrosa.

Meu pai conta que, às vezes, colocava alguém para me vigiar para saber se eu chegaria bem até ele, mas eu não sei dizer se isso é mesmo verdade. Porém, segundo ele, eu era monitorado por uma pessoa que eu não conhecia enquanto fazia essas coisas sozinho.

Eu realmente não sei dizer se essa história realmente aconteceu como ele conta, só sei que mesmo assim ele era muito corajoso, penso que não teria coragem de deixar um filho meu em uma situação assim. Acredito que seja porque os tempos mudaram e hoje as coisas são completamente diferentes, no entanto, eu andava por toda São Paulo como se fosse um *office-boy*, que era muito comum naquela época, pegava metrô, trem, ônibus e comecei a fazer tudo isso a partir dos meus oito anos de idade.

Foi olhando o que ele fazia e trabalhando todos os dias com ele que aprendi e entendi como se vende. Escutando o meu pai falar, e vendo como ele agia que percebi que não existiam grandes dificuldades, na verdade, eu também achava tudo aquilo fácil, e aos oito anos fui picado pelo "bichinho da venda". Dali em diante, nunca mais consegui me desligar daquilo.

Enquanto as crianças da minha idade estavam brincando na rua ou se divertindo de outra forma, a minha diversão era ler os folhetos que o meu pai me dava das fábricas que tinham móveis vendidos pela Marabraz. Essas diversas fábricas que faziam sofás, guarda-roupas, armários de cozinha e outras coisas mandavam seus portfólios e eu com 8 anos de idade ficava folheando e forçando a leitura para conhecer aquelas coisas.

A verdade é que eu achava aquelas imagens ilustrativas muito lindas e ao lado delas vinha a descrição do móvel, o nível de acabamento, que tipo de móvel era e eu estudava isso porque já via meu pai estudando para passar as informações para os clientes.

Obviamente, algumas vezes, eu não entendia nada porque era muito novo ainda, mas toda aquela informação estava entrando na minha cabeça e, de alguma forma, estava sendo armazenada ali, e isso me ajudou bastante nos anos que se passaram porque eu fiz esse "estudo" dos 9 aos 15 anos. Foram seis anos guardando aquelas informações.

Por isso, tempos depois, entendi que vendas não é para pessoas que não deram certo em outras áreas da vida, tampouco é para os inteligentes, vendas é para pessoas que se preocupam em estudar o seu produto, todas as características e benefícios, conhecer o material que trabalha. O meu pai sempre bateu nessa tecla e eu também. Então, o primeiro passo para comprar um produto é ter conhecimento sobre ele, e se você conhece bem, com certeza conseguirá vender para alguém.

Me recordo que nessa fase eu conversava com meus primos na casa das minhas tias sobre os móveis delas e eu dizia: *"Esse rack é de aglomerado." "Esse guarda-roupa é em MDF."* Eu sabia disso só de bater na porta do móvel ou em alguma madeira, além disso, eu falava que uma dobradiça tem vida útil de 100 anos e as pessoas achavam engraçado e até riam de mim porque eu era uma criança falando como adulto, porém, para mim, aquele já era um exercício, eu estava me tornando um **homem de vendas,** mesmo que ainda não percebesse.

# capítulo 2

# *exce-*
# lência
# *se*
# alcança
# com
# treino

Meu pai era um homem que ao mesmo tempo em que ensinava bastante, não tinha muita paciência para repetir. Quem via de fora sempre pensava que ele era um homem grosseiro. De fato, por pensar muito rápido, o meu pai sempre foi mais de executar do que preparar as coisas, no entanto, ele sabia lidar com treinamentos, era ótimo gestor, mas tinha o ponto de tolerância dele.

Por causa disso, as pessoas que trabalhassem com ele precisavam ter o pensamento rápido como o dele, estar atento às informações porque ele não tinha muita paciência para tolerar erros banais por muito tempo. Uma pessoa que pensa rápido e vive fora da caixa tem o seu nível de tolerância bem baixo, e meu pai é uma dessas pessoas.

Como eu tinha facilidade com ele porque cresci vendo o jeito como ele agia, aprendi muito rápido e, quando me dei conta, estava ensinando pessoas que já estavam na loja há 3 ou 4 anos. Em pouco tempo, eu já era um dos melhores vendedores da loja.

Vendo a forma como meu pai agia comigo, as pessoas diziam para ele: "*Nossa, mas você cobra demais do seu filho.*" E ele sempre respondia: "*Meu filho nasceu para ser melhor do que eu.*" Ele dizia ainda que para ser igual eu não precisava dele e isso era muito legal.

Pouco tempo depois de me tornar vendedor daquela loja, o meu pai foi promovido a diretor de vendas. Nesse tempo eu até fiquei mais à vontade porque outro gerente assumiu nossa loja, e como diretor o meu pai não estava presente ali todos os dias, em contrapartida, acompanhava os números porque ele era o homem que estava mudando a realidade da empresa e fazendo nascer um novo estilo de vida de vendas na companhia.

Em menos de seis meses, eu já era o "ponta" da loja, ou seja, o melhor vendedor. Ocupar essa posição é uma coisa notória porque é o campeão de vendas que ocupa esse lugar, e meu pai não aceitava que fosse diferente disso, então, eu era determinado a bater as metas e desde os 16 anos eu já fazia isso e entendia muito bem como fazer.

Naquela época os vendedores ganhavam de 80 a 90% do valor da meta acrescidos em seus salários, então, com uma meta batida era certeza de ganhar mais que o dobro daquilo que era vendido, por isso os vendedores se dedicavam muito para atingir esses objetivos porque a realidade de ganhos era absurda.

Aquele foi um tempo em que os vendedores, de fato, ganhavam altos salários na Marabraz. Hoje, eles contam com atendentes de vendas, enquanto naquela época éramos vendedores, muito bem remunerados e era isso que me interessava muito.

Se você me perguntar se era exatamente isso que eu planejava enquanto estava crescendo e caminhando, eu responderei que não, nada disso estava em um plano porque, na verdade, para mim tudo sempre foi muito natural como é natural para uma criança brincar e crescer. As pessoas até pensavam que meu pai me forçava e colocava muita pressão em mim para que eu o seguisse, no entanto, posso garantir que nada disso é verdade, e além de ser natural para mim tudo aquilo me fazia muito feliz.

A verdade é que eu nunca fiz algo que não me deixasse feliz ou que achasse legal. Sou filho único do meu pai e na época já éramos melhores amigos, tínhamos uma identificação muito boa entre nós. Obviamente, como todo pai, ele brigava comigo, chamava a minha atenção quando eu errava, mas eu entendia o recado, o que era para ser feito e eu gostava de entregar aquilo.

Meu pai nunca me obrigou a ficar na porta da loja entregando folhetos, eu gostava de fazer aquilo, estava ali com alegria, por diversão porque eu adorava ver a movimentação das pessoas aos finais de semana com o centro lotado, as famílias procurando móveis para suas casas, eu amava aquilo, e ia cedo com o meu pai e ficava o dia todo animado.

Muitas vezes, eu sequer via o sábado chegar ou passar porque esse é o dia do vendedor e é quando tem o maior número de visitas dentro das lojas, sejam elas de móveis ou qualquer outro segmento. Eu ficava ansioso pelo fim de semana, acordava muito cedo ou muitas vezes nem dormia porque eu queria estar ali para encontrar as pessoas.

Portanto, nada disso nunca foi forçado para mim, nunca me senti obrigado a fazer aquilo, e acredito que foi por isso que deu certo.

**"QUANDO FAZEMOS AS COISAS SEM VONTADE OU POR OBRIGAÇÃO, OS RESULTADOS NÃO SÃO BONS"**

Hoje, tenho esse entendimento porque sou um homem formado, porém, naquela época, eu ainda não tinha, mas posso afirmar que fazia todas as coisas com muita alegria porque eu gostava de ter essas responsabilidades passadas pelo meu pai.

## EU ME DESTAQUEI

Em dois anos que eu estava na loja, já era destaque, batia as metas e ajudava os meus colegas passando algumas vendas para aqueles que precisavam bater as suas. É importante mencionar isso porque eu sempre atingia meu alvo 20 ou 25 dias corridos do mês, sempre com folga de uma semana a dez dias antes do fim, e como vivíamos em harmonia dentro da loja eu passava minhas vendas para aqueles que tinham dificuldade em bater a meta.

Para ser bem claro, eu fazia a venda e colocava no nome dos meus colegas e eles me pagavam a comissão por fora, porque como mencionei anteriormente, quando uma meta era batida, dobrava os ganhos do vendedor, então, se ele ganhava de 3.000 a 3.500 reais no holerite, por exemplo, atingindo a meta poderia chegar a 10 ou 11 mil. Sendo assim, como eu batia as minhas muito antes, eles me davam de 1000 a 1500 reais para colocar as vendas no nome deles.

Além disso, levei muitos dos meus amigos que moravam perto de mim a conhecerem e trabalharem com a gente na loja. Eles me viam com 17 anos tendo os ganhos que eu tinha, andando de carro zero e se interessavam em saber como aquilo funcionava.

Nessa época nós morávamos em um prédio na Freguesia do Ó, em São Paulo, e havia muitos jovens com a minha idade e boa parte das pessoas do prédio adoravam meu pai e a mim porque eles viviam uma outra realidade muito diferente da nossa. Nesse período, o meu pai gerava empregos, estava mudando o cenário moveleiro colocando adolescentes, pessoas novas com o perfil parecido com o meu para trabalhar.

O mais interessante disso é que meu pai contratava esses jovens para trabalhar e me dizia: "*Você vai ensinar e treinar esse pessoal.*" E eu pensava que estava fazendo aquilo por fazer, o que eu não sabia é que o meu pai estava me treinando para ser gerente porque a visão dele sempre foi à frente.

Então, eu levava meus amigos, colocava dentro da mesma loja e ali eu ensinava enquanto aprendia, e o gerente daquela época amava isso porque ele via que estávamos mudando a venda, batendo metas. Contudo, ele também não sabia que meu pai estava me treinando para ser gerente.

Em um curto espaço de tempo, um ano mais ou menos, coloquei dentro da loja seis ou sete amigos, todos treinados por mim e logo esses meninos também estavam batendo suas metas, aprendendo como era trabalhar, mudando suas próprias realidades, ganhando dinheiro e ajudando seus pais.

## GERÊNCIA

Depois de dois anos que eu estava ali naquela loja, surgiu a primeira oportunidade para que eu me tornasse gerente de uma das lojas. Aquele era realmente um grande desafio para mim que aceitei com algumas condições. Eu queria me resguardar porque na época eu ganhava muito bem e o gerente não tinha o mesmo ganho que um vendedor, eu sabia disso porque além do meu pai ter sido gerente ali, eu comparava o meu holerite com o do meu gerente de vendas e via que meus ganhos sempre eram maiores, e por causa disso ninguém queria esse cargo. Eu mesmo não queria essa responsabilidade de gerir uma loja para ganhar menos.

"QUANDO DEUS QUER MUDAR AS COISAS, ELE MANDA UM DESAFIO OU UM PROBLEMA"

Na minha cabeça, eu pensava que gerente deveria ganhar mais, e no primeiro momento eu até recusei a gerência e fui chamado para conversar com a diretoria da empresa. Eles queriam saber como que o filho de um diretor de vendas estava recusando o cargo.

Então, apresentei o meu ponto para meu pai e para o presidente da empresa e disse: *"O cargo me interessa, é uma realização gigante ser um gerente, mas financeiramente falando, não me interessa. Como eu vou assumir um cargo superior ao que estou para ganhar menos?"* Eles entenderam o que eu estava falando e perceberam que era por isso que muitas vezes os gerentes trabalhavam desmotivados.

A partir daquele instante, começaram a mudar a realidade dos gerentes oferecendo um comissionamento para eles também. Assim, eu aceitei o desafio e fui gerenciar uma loja onde nunca havia trabalhado antes. Eu não podia ter vínculo com as pessoas para conseguir fazer as mudanças necessárias. Isso porque, quando você tem vínculo com alguém e precisa dar uma repreensão ou correção, a pessoa começa a achar que você mudou, que está diferente e isso traz uma grande rejeição ao trabalho.

Depois de aceitar essa promoção, pedi para gerenciar a loja que ficava na Lapa, o que na verdade foi muito bom para mim porque eu trabalhava no centro de São Paulo e agora iria trabalhar bem mais próximo da minha casa.

Chegando nessa nova loja, encontrei um desafio ainda maior do que ser o gerente, pois aquela era uma das lojas com os funcionários mais antigos da empresa, então a dificuldade foi bem grande. Algumas daquelas pessoas estavam ali há 10 ou 12 anos e eu era um garoto que estava indo para gerenciá-los. Muitos tinham entre 40 e 50 anos de idade e eu ainda nem tinha completado 18 anos.

Minha fama já tinha chegado até aquelas pessoas, elas tinham o conhecimento de todas as metas que eu batia, no entanto, tive uma rejeição muito grande por ser ainda tão novo. Algumas pessoas eu consegui recuperar porque se deram o direito de serem treinados e preparados, já outros não aceitaram, não sei se por vaidade ou porque não queriam aceitar uma pessoa com 18 anos de idade como gerente de uma loja onde estavam por 12 anos e não tinham tido a mesma oportunidade.

Muitos daqueles vendedores compraram a minha ideia e os que não compraram eu pedi que fossem transferidos. Alguns deles a empresa preferiu fazer o desligamento. E com essa equipe treinada por mim, um ano e meio depois, a loja estava dobrando e até triplicando o faturamento. Os resultados foram aparecendo com o apoio das pessoas.

## EU MUDEI A CARA DA LOJA

Quando assumi a loja da Lapa, ela era enorme, com 40 homens de vendas lá dentro, no entanto, era uma loja bem feia que mostrava primeiro tudo aquilo que era promoção, que estava barato, parecia mesmo com um jornal promocional. Mais próximo à porta ficavam aqueles guarda-roupas feios que eram vendidos bem baratinhos e eu pensava: *"As pessoas trabalham tanto, como vão se interessar em comprar isso?"*

Naquela época a Marabraz estava começando a fazer propagandas de televisão, mas ainda nem eram aquelas com o Zezé de Camargo e o Luciano, isso foi bem mais para frente. No início era uma rede pequena, com 13 ou 14 lojas, e quando o meu pai saiu da operação, já havia 120 lojas pelo Brasil porque ele fez um trabalho interno muito bem feito.

As lojas não tinham o costume de colocar os móveis mais caros, considerados de alto e médio padrão próximos à porta, esses eram colocados bem no fundo da loja. Logo quando assumi, contratei um pintor, alguns marceneiros que já eram montadores que trabalham com a gente, fizemos uma mudança na estrutura, coloquei móveis mais caros na frente como se fosse essas lojas de ambientes decorados que você conhece hoje.

Eu realmente dei outra cara para aquela loja, pintei os fundos das cozinhas, cada um de uma cor diferente, coloquei adesivos como se fossem azulejos e a loja ficou linda. Quando as pessoas passavam na porta viam que embora aquela fosse uma loja popular, tinha móveis lindos.

Assim, eu fiz o inverso do que todo mundo estava acostumado a ver, coloquei os móveis mais simples nos fundos da loja ou até mesmo no segundo andar, e quando os clientes abordavam os vendedores sobre os móveis que estavam no jornal eram levados para dentro da loja.

Eu desenvolvi uma nova rotina. Dentro da loja, ficavam quatro vendedores, dois na porta entregando os folhetos e chamando os clientes para dentro e dois na venda em uma linha imaginária que criamos para o atendimento. Quando esse cliente entrava, ele obrigatoriamente transitava pela loja inteira, passeava com o vendedor até o produto que ele conhecia.

Assim, as pessoas começaram a entender que os produtos anunciados não eram para ser necessariamente vendidos, mas funcionavam como um chamariz para o cliente vir até a loja e posterior a isso apresentávamos o nosso estoque.

Tenho certeza de que você já reparou, mas o valor total dos produtos, tantos os de alto e médio padrão como os populares são anunciados em letras bem pequenas, em letras maiores ficam os valores das parcelas, então, na maioria das vezes, o cliente entendia que ia ver aquele guarda-roupa feito de aglomerado, numa altura baixa e com a profundidade pequena, aquilo que ele realmente não gostaria de ter. No entanto, quando entrava na loja e conhecia os móveis de alto e médio padrão, viam que eram muito melhores e por uma parcela um pouco maior.

Se a parcela de um móvel popular era 75 reais, a de um padrão médio ficava em torno de 130 reais, logo, o cliente entendia que poderia levar algo bem melhor, de tamanho maior, com portas mais resistentes e com dobradiças melhores pagando um pouco a mais.

Antes o atendimento do vendedor não chegava a um minuto porque os produtos estavam expostos na porta da loja, o cliente chegava, via e já comprava ou dali mesmo ia embora, mas depois dessa mudança, os atendimentos passaram a durar mais tempo, os vendedores ficavam mais ocupados e demoravam mais para "soltar" o cliente.

Fui ensinando isso aos vendedores e foi se transformando em vendas. Eu conseguia participar mais porque não tinha como estar na porta todo o tempo para as negociações. Quando eu via um cliente sentado diante de um computador tomando todos os conhecimentos para fechar o negócio, eu podia me sentar também, participar do fechamento, fazer um bom negócio apresentando a nossa margem de descontos. Essas atitudes foram se transformando em vendas e rapidamente tripliquei o faturamento da loja.

Naquele tempo comecei a ganhar salário altíssimo, nunca visto no mercado de vendas. Como gerente, cheguei a ganhar valor bem próximo ao que um diretor regional ganhava e isso começou a deixar alguns diretores intrigados pensando: "*O que esse menino está fazendo nessa loja?*"

Aos sábados eu abria a loja com bexigas. Queima de fogos. Os vendedores soltavam rojões e as pessoas ficavam perguntando o que estava acontecendo na loja às 8h da manhã para estar aquela agitação, porque eu realmente fazia uma festa. Isso começou a despertar o interesse do diretor de vendas que era meu pai e também do dono da loja e um dia, sem que eu pensasse, eles estavam ali, na minha loja, querendo entender o que eu estávamos fazendo.

Diante do que eles viram, começaram a perceber que estava nascendo um novo formato de negócios, uma nova forma de atender e principalmente de vender. Meu pai, muito inteligente e com pensamento rápido, começou a aplicar isso em todas as lojas e estabeleceu como padrão de atendimento. Com isso, foi treinando as pessoas e cobrando dos gerentes que adotassem a mesma estratégia que eu vinha adotando na minha loja, inclusive, ele a usava como exemplo mostrando os números de vendas de cada vendedor e comparando com os números da unidade em treinamento.

Essas estratégias foram se espalhando por todas as outras lojas e, consequentemente, aumentando as vendas de cada uma delas. Além disso, a companhia foi aumentando o número de lojas e assim, em um curto espaço de tempo, eu recebi uma proposta para uma promoção.

# capítulo 4

# cons-
# truindo a
# história

Confesso que não tive uma adolescência normal como todos os meninos da minha época, mas também não estava comprometido com as mesmas coisas que eles se comprometiam. Meus interesses eram bem diferentes, eu pensava em ter o meu primeiro imóvel, meu carro zero. Por mais que meu pai viesse de uma família com condições financeiras muito boas, quando ele se casou com a minha mãe, acabou perdendo muita coisa e até abrindo mão de tantas outras para estar com ela, e a partir disso teve que lutar para construir a vida.

Meu avô foi muito duro com meu pai, o que não significa que tenha faltado as coisas quando eram crianças, porque ele e meus tios tinham de tudo o que era bom na infância deles.

Na verdade, minha infância foi a maior parte do tempo com meus primos por parte de mãe, então eu tive uma vida simples e, na casa do meu avô materno, também não faltava comida e nunca passamos fome. No entanto, eu queria viver uma vida diferente daquilo, ter a minha independência, queria ter o que os adultos tinham sem precisar depender de ninguém ou ter que pedir dinheiro para meu pai para qualquer coisa que fosse.

Minha mãe sempre me dava dinheiro, na verdade, todo o *ticket* de alimentação que recebia no banco ela me dava e o valor não era baixo. Todo esse dinheiro que eu tinha à minha disposição eu gastava com doces na bomboniere e me sentia rico, porque um adolescente chegando na escola com um *ticket* de 70 ou 80 cruzeiros na época, não era para muitos.

Tenho consciência de que pulei a fase natural da infância e adolescência, me vi trabalhando muito cedo e com responsabilidades porque eu queria ter a minha independência. Confesso que pular essa fase não me afetou, na verdade, eu sequer percebi isso acontecer.

Como já disse anteriormente, as coisas para mim sempre foram acontecendo naturalmente, ninguém me forçou a nada e eu também não forcei. Eu nunca quis ser gerente de loja, muito menos diretor, mas isso é natural dentro das empresas. Na verdade, eu queria mesmo era ficar como eu estava porque era o que eu amava fazer e era cômodo para mim.

De alguma forma, parecia que eu estava predestinado a tudo o que eu vivi porque o negócio começou a crescer tanto e naturalmente me levou a crescer junto porque acabei me tornando referência de tudo aquilo que eu fazia, dos resultados que obtinha.

A diretoria começou a querer usar as minhas experiências para entender o porquê estava me tornando referência, fazendo isso, automaticamente começaram a perceber o quanto o negócio estava crescendo e queriam me puxar junto.

De fato, tudo aquilo era muito natural para mim, fui crescendo na companhia à mesma medida em que meu pai também se destacava cada vez mais, e como costumo dizer que a fruta não cai longe do pé, então, quando ele subia, eu ia subindo junto. E enquanto isso acontecia, as pessoas não me olhavam como o "filho de um diretor" que tinha benefícios dentro da empresa, mas me viam e diziam: *"Nossa, esse cara vende muito." "Esse menino vende pra caramba." "Quero trabalhar na loja dele".*

Eu sempre ouvia de outros gerentes: "*Tem vendedor meu que quer arrumar problema comigo para trabalhar com você.*" E eu respondia: "*Trabalhar comigo não é tão simples assim, eu sou sistemático e chato*". Isso porque cresci aprendendo com um homem chato, que era o meu pai, e minha forma de ensinar, treinar e cobrar não seria diferente da dele.

## NÃO É SÓ APARÊNCIA, É CULTURA

Por falar em cobrança, sempre cobrava dos meus vendedores o cuidado com a aparência, nunca exigi qualquer roupa de marca, mas sempre prezei por estarem muito bem-vestidos e, em um curto espaço de tempo, consegui convencer o meu pai a transmitir a ideia para a diretoria da empresa. Como nem todos cuidavam da aparência, era preciso ter uniformes com calças e camisas sociais com a logo da empresa, e rapidamente entenderam essa necessidade e uniformizaram todas as lojas.

Eu tinha esse cuidado porque era muito ruim chegar em uma empresa e ver o funcionário com a camisa rasgada, com a gola suja, usando a mesma calça a semana inteira. Sei que muitos dos funcionários não ligavam para isso, além disso, alguns deles eram de lugares simples e não tinham uma perspectiva de crescimento, mas com a nossa gestão passaram a ter.

Aos poucos, não apenas a empresa crescia em vendas e em faturamento, mas a cultura ia sendo mudada também. Fui ensinando aos vendedores a importância de estar com a camisa e a calça bem lavadas e passadas, usar um perfume suave que não precisava ser de marca, cabelos penteados, barba feita e, conforme eu ia falando, as pessoas entendiam que a aparência realmente importava muito.

**"NÓS SOMOS O QUE AS PESSOAS VEEM"**

Eu entendia que mesmo estando com problemas, uma pessoa não devia deixar isso escrito na aparência. Quando um cliente entra na loja, está em um momento de satisfação dele, então o vendedor precisa vender não apenas produtos, mas segurança e bem-estar também, e não se consegue isso com um vendedor com roupas sujas ou que não tenha um cheiro agradável, porque o cliente sempre arruma um jeito de ir embora.

Fomos mudando essas características e os resultados foram aparecendo, por mais que pareça algo banal com certeza não é. Percebo que muitas pessoas não se preocupam com isso, não têm vaidade e são desleixadas, isso não as incomoda; no entanto, é preciso entender que se elas dependem do trabalho com vendas e precisam levar o pão para casa, é necessário começar a se preocupar com isso sim.

Aos poucos, quem comprou a ideia e participou desse desenvolvimento da companhia cresceu não apenas profissional como financeiramente também, fizemos história no mercado e até hoje se você circular pelas lojas e perguntar da família Sales, todos se lembrarão do que fizemos no mercado de móveis.

Naquele momento, estava acontecendo uma grande mudança de cultura dentro da empresa e todos entendiam que a companhia estava crescendo, o que começou a chamar a atenção de todo o mercado e despertar o interesse da concorrência. Não era só a Marabraz, na época já existia a Kolumbus, Casas Bahia, Ponto Frio, e todas elas queriam saber o que estava acontecendo ali que não estava acontecendo em outros lugares.

Meu pai sempre foi muito fiel à empresa e principalmente ao Nasser, além disso, eles eram muito amigos, se cobravam bastante e em alguns momentos havia brigas entre eles que eu chegava a pensar que no dia seguinte todo mundo estaria desempregado. No entanto, Nasser sabia muito bem separar as coisas, é um grande profissional, homem de vendas e um gestor fantástico, por isso chegou onde chegou e onde está hoje. Na verdade, ele sabia que essas discussões eram para o crescimento da empresa.

Diante de todos esses acontecimentos que estavam fazendo a empresa crescer, começar a ser notada e até gerar incômodo nos concorrentes, recebi propostas muito tentadoras para deixar a empresa, não apenas eu como outros gerentes e vendedores receberam também. Inclusive meu pai recebia muitas propostas o tempo todo para deixar a empresa.

Como a concorrência estava de olho em nós, recebi uma proposta para ser diretor regional de uma das maiores empresas no setor moveleiro do Brasil, as Casas Bahia, do Samuel Klein e acabei recusando porque eu entendia que juntos éramos mais fortes naquele momento, por isso continuei na companhia e não parei de crescer ali dentro, junto com outros colegas.

Obviamente, eu sabia que não se tratava apenas de mim ou do meu crescimento, era uma situação que estava acontecendo na empresa, era uma família, um ambiente que estava sendo construído ali que dificilmente alguém sozinho conseguiria construir em outro lugar, era mesmo uma mudança de cultura e de mentalidade.

Por essa razão, eu recusei, meu pai recusou e muitos outros profissionais recusaram sair dali, e os que aceitaram propostas rapidamente estavam pedindo para voltar porque conseguiam entender que não se tratava deles, e sim de algo diferente que estava acontecendo naquele momento, então, nos permitimos ficar e fizemos história juntos.

## MUDAR DE SEGMENTO?

E essa história que estava sendo construída começou a despertar o interesse de outros segmentos, tanto que certo dia um amigo me disse: "*Cara, você é muito bem realizado, está tranquilo no segmento que está, mas e o mercado imobiliário?*" Diante dessa pergunta, eu respondi: "*Não sei como funciona*". Na verdade, eu não sabia mesmo, conhecia tudo de móveis e nada de imóveis, e mesmo assim ele sempre insistia comigo: "*Cara, você precisa conversar com uma pessoa que vai te passar toda a situação, e eu acho que tem tudo a ver com você".*

Para ser sincero, nunca dei muita importância porque eu ganhava bem, naquela época, um gerente ganhar 25 ou 27 mil reais era muito dinheiro, meu menor pagamento como gerente tinha sido de 22 mil reais. Então, para mim, era muito complicado mudar o segmento de atuação, eu estava tranquilo, com uma realidade de ganhos muito boa, mesmo assim, comecei a ser provocado pela curiosidade e até me interessei em ouvir a pessoa que meu amigo havia falado.

Esse meu amigo começou me dizendo que iria me apresentar a uma pessoa que, assim como eu era no setor moveleiro, ele era no de imóveis e isso despertou meu interesse por conhecê-lo. Quando cheguei para conhecer a pessoa, me vi em um mundo completamente diferente do meu. Fui até a empresa dele, a Lopes, fui tomar um café e na minha cabeça eu estava fazendo mais uma nova amizade e deixando a porta aberta para algum negócio.

Decidi ir a esse encontro sem que meu pai soubesse disso porque ele é ciumento e poderia achar que por algum motivo nós deixaríamos de trabalhar juntos. Então, em segredo, fui até essa empresa para conhecer e tomar um café, e não porque eu estivesse insatisfeito com o lugar onde eu estava, mas por pura curiosidade de ver como aquilo funcionava.

Quando cheguei lá, apaixonado por carros como todo garoto, vi na porta da empresa muitos carros importados e pessoas de terno muito bem-vestidas entrando e saindo da empresa o tempo todo, e isso me deixou ainda mais curioso: *"O que está acontecendo aqui?"*

Naquele instante, uma pessoa veio falar comigo e me levou até uma sala para servir um café, ficamos ali batendo um papo por umas duas horas e meia e nem vimos o tempo passar. Percebi a elegância daquele homem, muitas vezes precisando pedir licença para atender a uma ligação, aprovar uma venda ou algo parecido e me mostrou que ganhava em torno de 40 a 50 mil reais por mês.

Se eu já estava intrigado com tudo aquilo, fiquei ainda mais. Como seria possível existir um ramo de vendas diferente do meu que paga valores como esse? Em um certo momento, ele me disse: *"Vou abrir o sistema para você ver, conversando com você percebi que é um homem de venda inato".*

Na empresa todos conheciam aquele homem como Domingos, contudo, o nome dele era Willian, mais adiante eu explico o porquê o chamavam de Domingos. Ele me apresentou os ganhos dos vendedores e, quando vi aquilo, eu fiquei louco, pois eram 70, 80, 100 mil reais por mês e perguntei: *"Isso é uma loja de imóveis ou de carros? Só tem carros importados aqui na porta".* Realmente os carros na porta eram muito caros, e eu pensava: *"Não é possível que esses caras andem de Porsche sendo vendedores".* Depois de bastante tempo de conversa, encerrei dizendo que precisaria pensar em algumas coisas e depois voltaria a conversar com ele.

Eu já vivia uma condição estável, estava tranquilo financeiramente, com todas as minhas contas pagas e aquele homem havia me explicado que muitas pessoas vão para a empresa sem nenhuma condição financeira, e a melhor estratégia de todas é apresentar essa situação e mostrar que as pessoas chegam lá com uma vida bem simples e depois acontece uma grande mudança. Depois disso, começam a mostrar o sucesso profissional e para falar a verdade, essa é a grande chave que eles usam para despertar o interesse de outras pessoas.

Aquilo tudo era muito diferente da empresa onde eu estava, que tinha um valor mínimo garantido, registro em carteira e na área de imóveis você é um autônomo, precisa tirar o CRECI, não tem nenhuma ajuda de custo, mas tem um grande ganho através do comissionamento. Mesmo assim, sabendo de todas essas diferenças, fui picado pelo "bichinho dos imóveis" naquela reunião e fiquei com aquilo na cabeça, um incômodo enorme dentro de mim por quase um ano até que finalmente me decidi sobre qual caminho eu deveria seguir.

# capítulo 5

# um cami-<br>nho novo

Depois de um ano com aquilo me incomodando, decidi aceitar esse desafio, o que não foi uma tarefa fácil, pois eu sabia que era uma mudança não apenas de setor como de comportamento, de postura e até de linguajar. Eu era um homem de vendas saindo de uma área onde me sentia seguro para um segmento totalmente diferente do que estava acostumado. Para começar, precisei tirar o CRECI, me inscrevi como estagiário, pois assim já poderia atuar.

Cheguei para a diretoria da Marabraz e disse que estava aceitando um novo desafio, algo que seria uma grande mudança em minha vida. No primeiro momento, o meu pai ficou muito irritado com essa situação, ele não aceitava que eu deixasse de trabalhar com ele.

Entendi que eu já estava no ápice profissional naquele segmento e que não havia mais um brilho no meu olhar, além disso, não estava mais atuando com a mesma alegria que tinha antes. Para mim, tudo aquilo já tinha chegado no limite, então aceitei o desafio de partir para algo novo.

No primeiro mês, eu entrei em um plantão, me ensinaram mais ou menos o que eu deveria fazer e me disseram que me daria bem. Quando cheguei, me deparei com as pessoas que estavam lá, a maioria aposentados, porque naquela época corretagem era para senhores mais velhos, pessoas que tinham uma outra fonte de renda e não dependiam da venda para poder estar bem financeiramente. Alguns daqueles homens de cabelos grisalhos tinham idade para ser meu pai, outros para ser meu avô.

Naquele momento, algo me incomodou bastante: as pessoas não se ajudavam, na verdade, era até contraindicado ajudar alguém porque todos eram vistos como concorrentes. Na época, os plantões eram feitos com maquetes e fotos ilustrativas de apartamentos com 50 ou 100 unidades para vender, e ficavam três senhores ali que mal se falavam porque se viam como concorrentes, então um ficava em um lugar e o outro lendo uma revista ou fazendo outra coisa, não existia a tecnologia que temos hoje.

Cheguei naquele plantão e perguntei se alguém poderia me explicar a maquete porque eu olhava tudo, tínhamos aquele prospecto dentro do plantão, mas não podíamos levar embora, só existia aquele que deveria ficar no *stand* para apresentar aos clientes e não existiam muitas ferramentas para vendas naquele lugar.

Eu pedia ajuda aos colegas e alguns até diziam: "*Você quer aprender? Eu te ajudo, a hora que seu cliente chegar e for a sua vez de atender você me chama e eu atendo para você".* Ou seja, se eu quisesse aprender, ainda tinha que dar uma porcentagem para o colega se dispor a me ensinar. Quando meu cliente chegava, eu deixava alguém atender e ficava ouvindo, se tivesse aprendido, ótimo, se não, paciência.

Muitas vezes algum colega fazia uma venda que poderia ser integralmente minha, mas eu tinha que dar a metade para ele e ficar com a outra metade da comissão como se o cliente fosse dele. Ele fazia o atendimento, fechava a venda e eu perdia a metade para aprender como era ser um corretor.

Eu fazia isso porque não existiam outras ferramentas de treinamento, nenhum material que eu pudesse estudar e por mais que eu fizesse amizades facilmente, eu precisava pagar para aprender. Dessa forma eu fiz e rapidamente aprendi.

Mesmo tendo que dividir as minhas comissões, no primeiro mês, eu ganhei 60 mil reais. Comecei a pensar que mesmo deixando o outro fazer por mim, eu estava ganhando tudo aquilo e que certamente eu ficaria rico com aquele mercado. O meu gerente me dizia: *"Não falei que você se daria bem?!"*

A verdade é que ele não me ajudou em absolutamente nada, não porque não quisesse ou porque fosse incompetente, mas, sim, porque a regra do jogo era aquela. Imagine, ele tinha 40 corretores espalhados em um plantão enquanto ele ficava na central, como poderia ajudar de alguma maneira? A única solução que eu tinha era algumas vezes levar o meu cliente para a central porque lá o meu gerente podia me ajudar, então eu pedia para alguns clientes irem até lá porque conseguiria melhores condições de negociação diretamente com o gerente.

Quando o cliente estava disposto a ir até lá, a venda realmente acontecia porque meu gerente era muito bem preparado. Ele tinha muito sucesso como corretor e era muito difícil não vender, ou ele vendia o empreendimento que o cliente estava interessado ou apresentava outro que cabia no bolso daquela pessoa, mas não ficava sem fechar.

Realmente, como disse anteriormente, as pessoas não entendem que vendas não é para pessoas que não quiseram estudar, não tem a ver com ser inteligente ou não. A pessoa de venda tem que ter muito conhecimento, ler muito sobre o seu produto, conhecer todas as facetas e saber de fato o que está vendendo para o consumidor. Eu estava vindo de um segmento no qual dávamos todas as ferramentas para o vendedor estudar e se profissionalizar, e via que no mercado imobiliário isso não existia.

Eu percebia que era um grande trabalho preparar o produto para o consumidor final, mas o operacional não preparava o vendedor, não fornecia as ferramentas suficientes nem os treinamentos adequados, por isso era notória a dificuldade em manter pessoas, havia uma grande rotatividade no RH, muitas pessoas entravam e saíam e eu pensava: "*Que loucura, no mesmo dia que uma pessoa entra, outras dez vão embora, por quê?*"

Comecei a observar e entendi o porquê daquilo. Eles não treinavam, não preparavam os vendedores e, além disso, não ofereciam um salário fixo. Muitas vezes os vendedores ficavam ali um mês, até dois sem vender nada e as contas em casa precisando serem pagas. Aqueles que eram casados e tinham filhos sofriam as cobranças da esposa para manter a casa e alimentar as crianças, essas coisas não podem esperar. Por isso, muitos desistiam e voltavam para a carteira assinada, para ganhar 1000, 1.500, 2 mil reais.

Quando entrei, estava um pouco mais capitalizado que a maioria porque vinha de um setor onde tive muito sucesso, então estava com mais tranquilidade e segurança. No primeiro mês, eu vendi porque fiz uma parceria com um grande colega que mais para frente se tornou um irmão para mim, ele era vendedor inato, vinha de grandes empresas imobiliárias, logo, ele sabia muito bem o que estava fazendo e o que caia na mão dele ele vendia. As comissões eram altas e naquele primeiro mês vendemos dois apartamentos para uma única pessoa. Se eu tivesse feito a venda sozinho, teria recebido 120 mil de comissão, mas como dividi com o meu parceiro cada um recebeu 60 mil.

Claro que isso me deixou muito feliz, no entanto, me senti incomodado com aquilo, pois eu queria aprender, me preparar e entender para fazer a minha própria venda. Tudo era muito difícil, porque não era só aprender sobre o produto, eu precisava aprender todo o operacional, como entrar com a venda, como passar a venda, como escriturar, ou seja, era muita coisa e a empresa não ensinava, passava para o RH que dava um breve treinamento falando sobre o institucional da empresa e te soltava em um plantão. O gerente deveria treinar os vendedores, mas ele não tinha tempo para isso.

Eu entendo que um homem de vendas precisa estar muito à vontade e ser inteligente para buscar ferramentas de conhecimento para poder estar preparado para levar isso ao cliente.

Certamente, eu já havia percebido o quão egoístas são as pessoas dentro desse segmento, era até algo sujo, sem humanidade alguma, eu era um garoto entrando numa empresa e as pessoas não queriam que eu ficasse ali. Aqueles homens, todos muito mais velhos do que eu, eram aposentados, muitos deles médicos, advogados que já tinham uma renda e não aguentavam mais ficar em casa, por isso partiam para a corretagem, se eles fizessem uma venda estava bom, se não continuaria tudo bem porque já tinham uma renda e aquilo era uma segunda opção para eles.

## DESISTÊNCIA NÃO, PERSISTÊNCIA

No primeiro momento, fiquei muito irritado com todo aquele jeito, mesmo assim, nunca pensei em desistir porque sempre fui bastante insistente em tudo o que eu fazia, então pensava: "*O dia que sair daqui sairei como campeão porque eu não vou voltar atrás*". Depois de todo sucesso que eu tinha feito na outra empresa e de ter chegado onde cheguei, eu não queria pedir para voltar porque tinha feito uma escolha errada, então, eu precisava insistir.

Quando eu conversava com algumas pessoas, ficava espantado com alguns que me diziam que estavam na empresa há três ou quatro meses e não haviam vendido nada ainda, e eu pensava: "*Que loucura, como essas pessoas vivem, ficar esse tempo sem vender e sem renda?*" Olhando por esse ângulo é óbvio que essas pessoas vão desistir porque não tinha nenhuma ajuda de custo.

Eu cheguei vendendo, logicamente que o talento daquele colega que chamei para me ajudar contou muito, ele era muito bom naquilo, não era meu amigo, mas veio a ser algum tempo depois. No entanto, fui eu quem abordou o cliente que tinha potencial para compra, eu soube conversar com ele, expliquei que era novo ali, que estava começando e que ia chamar um colega com mais conhecimento para apresentar a maquete e dar mais informações sobre o produto. Ele entendeu o meu lado, então chamei o meu colega que fez a execução da venda, e o cliente que tinha vindo comprar um apartamento saiu de lá com dois.

Mesmo que eu tivesse feito essa venda no primeiro mês eu estava bastante irritado com tudo aquilo, pois eu sabia que ganhar 60 mil reais era muito mais do que eu ganhava antes, mas eu não pensava que tinha ganhado aquele valor, e sim que tinha perdido os outros 60 mil. Eu sabia que era uma diferença absurda sobre os valores que ganhava com móveis, contudo, eu pensava que poderia ter ganhado os 120 mil.

Diante dessa situação, eu me cobrava muito, eu sabia que precisava aprender, estudar sobre aquele negócio, queria encontrar ferramentas porque não ia ficar pagando para os outros me ensinarem, eu queria aprender porque eu conhecia a minha competência. Aquilo me irritou bastante, mas ao mesmo tempo consegui entender que estava em um processo de evolução, eu precisava insistir porque seria a minha profissão e era ali que eu queria estar.

A diferença financeira era gritante, uma única venda poderia fazer com que aquele vendedor que chegou muitas vezes sem dinheiro da condução, voltasse para casa com um carro zero, e foi isso que despertou um interesse enorme em mim.

Como tudo em minha vida acontecia muito rápido, em seis meses tive a oportunidade de começar a mudar o clima ali dentro daquele *stand* de vendas. Rapidamente comecei a conhecer as pessoas e a quebrar aquele gelo. Eu brincava com um, pagava o almoço de outro, e fui interagindo com o pessoal, assim eles foram percebendo que eu era uma pessoa leve e que tinha bastante facilidade em construir um ambiente harmônico.

De maneira muito inteligente, comecei a sugerir que brincássemos de vender um para o outro e, nos dias em que não havia visitas, eu chegava para um colega e dizia: "*Amigo, vende para mim, hoje eu sou seu cliente.*" Então, nós criávamos brincadeiras de um ser o cliente e o outro o vendedor para passar o tempo. Entretanto, enquanto todos brincavam, mal sabiam eles que estavam me treinando e me ensinando como vender.

Quando eu estava na posição de cliente, sempre fazia as perguntas que os clientes me fariam, e esses vendedores iam me explicando. Em seis meses, eu me tornei o campeão de vendas naquele *stand*, porque sempre tive um alto nível de aproveitamento. Meus números de atendimento começaram a ficar muito altos porque eu não ficava só no *stand*, eu rodava a região onde estava trabalhando para conhecer os outros empreendimentos que tínhamos.

Naquela época, o corretor atendia ao cliente no *stand*, caso ele não gostasse ou não comprasse, ele preenchia uma FAC, ou seja, uma Ficha de Atendimento ao Cliente, ali tinha o nome da pessoa, o endereço, o contato da residência e outros dados para entrar em contato futuramente. Era assim que se atendia, não existia internet, então a única forma de falar com o cliente era por meio de ligação.

Eu fui tomando conhecimento e estudando outras formas de abordagem, tinha alguns *stands* em que eu chegava e nem bom dia as pessoas davam, eu entrava, olhava, observava as coisas e ia embora. Em muitos deles não tinha nem o prospecto para levar, o vendedor também não tinha folhetos para entregar ao cliente.

Vendo toda essa situação, eu ficava pensando na cabeça dessa incorporadora e até mesmo na empresa que estava comercializando aquilo. Era uma falta de visão gigantesca porque viam aquilo como gasto e não como investimento, não viam como uma forma de levar mais conhecimento para o vendedor. Uma realidade completamente diferente da que vivemos hoje, e mais adiante vou te mostrar como essa mudança aconteceu.

Eu tinha algo comigo. Meu pai não tinha me formado para ser mediano, e sim para ser o melhor, e de alguma forma eu queria provar para ele que por mais diferente que fosse o segmento para o qual eu tinha ido, ele ouviria falar de mim assim como eu ainda ouvia falar muito dele no ramo moveleiro. Eu queria fazer a minha história, criar o meu legado e mostrar que podia fazer da mesma forma como ele fez. E eu trabalhei muito para isso.

# capítulo 6

# gerente de vendas de novo

Comecei a desenvolver muitos bons relacionamentos, conheci pessoas extraordinárias e minha situação de vendas havia mudado bastante naquela empresa. Nós tínhamos uma equipe muito boa, com pessoas muito espertas porque isso era preciso para sobreviver em um mercado como esse. Não dava para ser uma pessoa qualquer, mesmo porque diante de todas as dificuldades que já mencionei aqui, a pessoa tinha que ser muito esperta mesmo.

Tínhamos uma equipe de campeões e nosso gerente, o Domingos, era um homem muito diferenciado, além de ser conhecido por sua esperteza. Além disso, rapidamente fiz amizades com as pessoas certas, me tornei campeão de vendas em alguns produtos porque essa era a minha preocupação: eu sabia que era isso que me colocaria em um nível muito alto de conhecimento.

Diante disso, tive o convite para montar a minha equipe e ser gerente de vendas, e sendo totalmente sincero, na época era muito difícil um gerente querer abrir mão de um vendedor preparado. Quando um vendedor começava a caminhar para ser gerente, sempre vinha alguém e dizia para esperar mais um pouco, isso era bastante comum ali porque essa pessoa já estava treinada, preparada, sabia desenrolar uma venda e caminhar sozinho. Era muito complicado começar com outro tudo do zero.

O interessante é que o Domingos, meu gerente, não compartilhava desse mesmo tipo de pensamento. Eu e ele tínhamos uma afinidade muito grande e uma liberdade de conversar muito boa, e quando surgiu o meu nome para gerenciar uma equipe, ele falou diferente a meu respeito, disse que eu era um homem de vendas, um cara preparado, com dificuldades como todos os vendedores, mas com qualidades que superavam todas as dificuldades. Isso foi fundamental quando recebi o convite para mais esse desafio.

É importante dizer que, quando recebi esse desafio, não foi para gerenciar uma equipe em São Paulo, mas, sim, em uma nova unidade que estava sendo aberta em Santos, através da realização de um empreendimento que se chamava Enseada das Orquídeas, de uma grande construtora, a Gafisa, que precisava realmente de pessoas que aceitassem esse desafio.

Nessa época, o Peixoto havia sido promovido a diretor de vendas, ele era um cara da gente, falava a língua do povo e tinha um linguajar de corretor, hoje ele é diretor geral de vendas em uma das maiores construtoras do país, a Diálogo, que lança muitos empreendimentos na Zona Leste de São Paulo. No entanto, naquele momento, era gerente na empresa também e estava aceitando o desafio de trabalhar na diretoria da unidade de Santos, então ele me recrutou, fez o convite para que eu fosse gerente e aceitei.

Eu morava em São Paulo, não tinha condições nenhuma de morar no litoral, não tinha casa lá, então a empresa se prontificou em alugar um lugar para que todos os gerentes ficassem e pudéssemos montar aquela unidade em Santos, mais precisamente no bairro Ana Costa. Assim eu fui, com o meu carro com o porta-malas cheio de roupas, aceitando aquele desafio para gerência.

## TRABALHANDO SEM ESTRUTURA

Chegando em Santos, pensamos que teríamos a mesma estrutura que conhecíamos em São Paulo, e não foi assim. Tivemos que montar uma empresa do zero, sem escritório, muitas vezes usávamos o próprio *stand* da incorporadora Gafisa onde íamos para fazer o lançamento, as entrevistas, contratar corretores. Naquele momento, ainda não tínhamos um RH próprio, fazíamos todo o processo para a contratação e mandávamos a ficha do candidato por fax para a central.

Obviamente que eu não estava sozinho em Santos, conheci outras pessoas, outros homens de vendas como o Fabiano, o Diogo, o Maurão, eram grandes nomes do mercado imobiliário que foram se destacando e crescendo junto comigo. Eu não fui o único a aceitar esse desafio para montar equipes de vendas.

Dentro desse empreendimento e com pouquíssima estrutura, eu fui montando a minha equipe de vendas com pessoas que pudessem de fato nos fazer atingir as metas da empresa, entregar bons resultados e resolver o que tínhamos ido fazer ali. Eu sabia que se fôssemos bem naquele negócio, a empresa poderia montar uma sede ali no litoral, contudo, se não fôssemos teríamos que voltar para São Paulo e continuar como corretor.

Todos nós vimos uma oportunidade muito grande ali, eu tinha o seguinte pensamento: "*Eu como corretor tenho uma possibilidade de atendimento, se eu colocar 10 ou 20 pessoas vou colocá-las para dar bom dia e trazer o cliente e eu mesmo vou fazer a venda*". Então, criaram-se mais oportunidades de vendas e ali no litoral estavam grandes homens de negócios, pessoas que aceitaram aquele desafio e fizeram muito sucesso no empreendimento. Vendemos a primeira fase inteira no dia do lançamento, com isso a empresa enxergou que ali havia um mercado a ser explorado.

Diante do nosso sucesso em Santos, a empresa alugou uma casa na Ana Costa, montou um escritório com estrutura de RH, uma diretoria de atendimento e começou a pegar outros empreendimentos no litoral para que esses gestores pudessem permanecer em Santos e montar suas equipes de vendas.

Infelizmente, alguns não aguentaram ficar ali, a estrutura não era das melhores, muitos eram casados e era difícil manter a família a distância e voltaram para São Paulo. Com os que ficaram construímos uma história no mercado imobiliário em Santos e em Guarujá, quando a Lopes abriu a sua unidade ali na Ana Costa.

Confesso que nunca me deslumbrei com essas coisas porque o meu objetivo era outro, eu gostava de viver naquele ambiente, aquilo era o meu mundo, então nunca fui arrogante, nem tratei as pessoas com alguma indiferença como se eu fosse melhor, eu era o contrário disso e me dava muito bem porque aquilo era o que eu queria viver.

Sempre frequentei os melhores restaurantes e tive carros do ano, inclusive importados, eu gostava muito disso e as pessoas com quem eu andava também eram desse meio, então eu era só mais um ali, não era eu que tinha e as outras pessoas não tinham nada. Na verdade, eu também nem pensava em mostrar as coisas para os outros porque a minha vida era trabalhar e estar no meio dessas pessoas, assim, lidei muito facilmente com isso e não foi uma coisa que me abalou ou tenha subido à minha cabeça.

Mesmo sendo corretor de imóveis eu sempre tive facilidade em me relacionar com as pessoas, então, quando eu percebia, estava saindo para almoçar com um gerente, estava no meio deles e me relacionava muito bem, o que gerava até um ciúmes em meu próprio gerente que pensava que os outros estavam querendo me levar para suas equipes, no entanto, sempre fui fiel ao Domingos nesse sentido. Eu falava com outras pessoas porque tinha uma identificação entre nós. Então, acabava saindo para tomar um vinho com um gerente, era convidado para eventos e isso foi se transformando rapidamente em amizade.

Eu sempre tive facilidade para circular nesse mundo, nunca precisei fazer esforço para isso porque era natural para mim, nós nos identificávamos, falávamos a mesma língua e costumo dizer que um homem de vendas consegue conversar com outro porque a identidade é muito próxima, e isso facilitou muito a minha vida.

## UMA REALIDADE DIFERENTE

Eu formatei a minha equipe no litoral com uma realidade muito diferente daquela de São Paulo. Na capital, a Lopes contava com cerca de 500 empreendimentos, já ali no litoral era em torno de 5 ou 6, então tínhamos pouquíssimos lançamentos, não dava nem para comparar uma cidade com a outra.

Diante disso, eu passava a maior parte do tempo junto com os meus corretores, ficava o dia inteiro com eles dando treinamento, ensinava a maquete para eles, passava os apartamentos decorados que na época era um grande luxo, pouquíssimos empreendimentos tinham um decorado, hoje isso é bem diferente e qualquer empreendimento tem. Mas, na época, quase não existia isso porque gerava um custo para a construtora, então a maioria usava uma maquete e um prospecto no plantão, nada mais.

Naquela época, a Lopes já havia percebido que um empreendimento que tinha uma grande quantidade de apartamentos precisava de uma boa maquete, mas também de um apartamento decorado para o cliente ter uma noção de como ficaria o que ele estava comprando.

Por isso, eu passava o dia todo com os meus corretores dando treinamento de como atender, como fazer a venda, fazia teatrinho com eles onde um vendia para o outro, da mesma forma que eu aprendi e isso foi ajudando a trazer resultados. Eu acredito que, quando o profissional tem as ferramentas adequadas de trabalho, o aprendizado é muito mais rápido.

Eu via que aquelas pessoas queriam aprender porque desejavam ter a vida que nós tínhamos. Eu também já tinha passado por isso quando admirava as pessoas bem-vestidas e com grandes carros e agora era a minha vez de ser visto assim pelas pessoas. Eles queriam ter a minha vida e sempre diziam: "*Eu quero estar igual a você, quero ter um carro assim, quero me vestir como você se veste.*" Então, isso despertava o interesse neles também.

A verdade é que eu mostrei tudo de maneira diferente do que foi mostrado para mim. Fiz as pessoas enxergarem que era possível ter essa condição, que dava para realizar isso, não era tão difícil, bastava querer. Assim, eu mostrava que eles precisavam se preparar para estar nesse nível, ter uma boa vestimenta, cuidar da roupa e aqui volto no mesmo ponto da loja de móveis, porque a roupa passa credibilidade para o cliente.

Dessa forma, fui ensinando um a um que o mercado imobiliário realizava sonhos não só das pessoas que estavam comprando, mas dos vendedores também.

## O TOPO É O INÍCIO

Como todo trabalho, ali também havia muita dedicação e competitividade, além de existir um *ranking* de vendas. A empresa já estava estruturada em Santos, já trabalhávamos muito e em um curto espaço de tempo, depois de um ano de muita dedicação e relacionamentos, eu fui ranqueado e me tornei destaque na empresa. Fiquei muito feliz porque era por aquilo que eu estava lutando, o dinheiro era muito bem-vindo porque um homem bem financeiramente tem menos problemas e vive mais feliz. Naquele momento, eu estava colhendo a realidade que havia plantado, eu sabia que a minha dedicação estava valendo a pena, foi bem difícil, mas eu estava recebendo a premiação de um campeão de vendas.

Na verdade, eu já me enxergava naquele lugar, aquilo sempre foi realidade para mim, e poder ver isso acontecendo, receber um troféu na frente de toda a empresa com seus colegas te parabenizando, sua equipe comemorando toda a conquista, isso é maravilhoso e para mim todo homem merecia passar por isso, ver pessoas em pé te aplaudindo é uma satisfação imensa, principalmente dentro da sua profissão.

Meus pais foram avisados dessa premiação e convidados a gravar um vídeo em minha homenagem, que seria apresentado de surpresa para mim.

Minha mãe gravou um vídeo de dentro do banco dizendo que eu era um excelente filho, que estava muito contente por tudo aquilo que estava acontecendo comigo, que eu era merecedor do meu sucesso por causa de todo esforço que tinha feito e continuava fazendo.

No caso do meu pai, a empresa mandou uma pessoa ir até ele para gravar e como sempre a fala dele era de que aquilo tudo não era surpresa para ele e que tinha me criado e me preparado para ser o melhor campeão de vendas. Ele me parabenizou dizendo que sabia que em algum momento isso aconteceria, pois a vida toda eu tinha batido metas e ali não seria diferente.

Tudo isso ficou gravado em minha memória, eu sabia que assim tinha provado para ele que ele me preparou para ser o melhor e que ali eu também seria. Esse momento me deixou muito feliz, estava me sentindo realizado e ali pude entender que estava no caminho certo, mas era apenas o início de um longo trabalho.

## CODINOME VICENTE

Não sei se você se recorda, mas, em alguns capítulos atrás, eu mencionei que o meu gerente, o Domingos; na verdade, se chama Willian, e essa mudança de nome era completamente normal dentro da empresa e vou explicar o porquê.

Todo mundo que entrava para trabalhar na Lopes recebia uma identificação, e comigo não foi diferente. Isso acontecia porque quando a empresa contratava os corretores, em alguns casos, existiam pessoas com o mesmo nome, então você recebia uma identificação própria que só você tinha. No meu caso, quando entreguei minha carteirinha do CRECI para o RH, logo recebi um crachá com o nome de Vicente, e meu nome é Paulo Cesar, mas já existiam pessoas com esses dois nomes, então recebi uma identidade nova.

A partir daquele momento, eu nascia como Vicente, um codinome profissional que eu deveria usar no mercado. Esse nome significava que eu estava ali para começar algo do zero e construir a minha própria história. Sendo sincero com você, nunca tive problema com isso e rapidamente me entendi como Vicente.

Isso era bem legal porque, quando eu fazia uma oferta ativa por telefone na época em que era corretor e ligava para convidar o cliente para conhecer o empreendimento, me apresentava como Vicente. Como sempre tive uma voz muito forte e bem grossa, quando as pessoas chegavam e perguntavam por Vicente, eu me apresentava e elas se assustavam, umas até diziam: "*Nossa, pensei que era um senhor bem mais velho.*" Eu tinha apenas 21 anos, e muitas vezes respondia brincando: "*Nunca vi um Vicente nascer com 40 anos*".

De fato, esse nome parecia mesmo de uma pessoa mais velha, mas com ele nasceu uma pessoa sonhadora, homem de vendas que estava disposto a criar a sua própria história no mercado imobiliário. Hoje tenho 22 anos nesse segmento e o mercado de São Paulo de outros estados me conhecem como Vicente.

# capítulo 7

# dire-
# tor de
# vendas
# em
# Goiânia

Como falei no início deste livro, minha mãe é de uma família simples, muito trabalhadora e nunca nos deixou faltar nada. No entanto, uma das maiores alegrias que eu tive na vida foi poder ajudá-la a realizar alguns objetivos, presenteá-la, transformar a vida dela e a do meu pai de alguma forma, mesmo que fosse através de coisas pequenas, como um sofá novo até a compra de um imóvel, isso é bom e me faz sentir bem porque é o reconhecimento de um filho. Eu consegui ajudar aos meus pais como eu podia e isso foi uma grande satisfação para mim.

Fiquei três anos como gerente ali em Santos e isso, além de grandes realizações financeiras e de poder ajudar os meus pais, me trouxe muito aprendizado. A Lopes é uma verdadeira escola de campeões e uma grande referência no mercado imobiliário, tanto que se você perguntar por aí nas *houses* das construtoras criadas pelas incorporadoras, certamente perceberá pessoas formadas pela Lopes que já tinham sucesso na empresa.

Essas *houses* são casas de vendas independentes criadas pela construtora porque as imobiliárias da época não davam conta de vender todo o estoque do empreendimento.

Passei três anos na gerência em Santos, até que recebi um convite para mais um novo desafio: ir para o Rio de Janeiro com o Peixoto e, se esse empreendimento que íamos resolver fosse bem-sucedido, partiríamos para outro. Confesso que antes de saber que íamos para o Rio cheguei a pensar que estávamos indo para São Paulo, então voltaria a ficar perto da minha família; no entanto, não foi isso que aconteceu.

Fomos para o Rio de Janeiro, eu, o Peixoto e nossa equipe de malucos porque era assim que éramos conhecidos. Chegamos no Rio, fizemos tudo o que tínhamos para fazer, conseguimos os resultados que buscávamos e voltamos para São Paulo, Barueri para ser exato, em mais um empreendimento da Gafisa, o Parque Barueri. A Gafisa sempre esteve muito presente na minha vida e se não sou o que mais vendeu para ela no Brasil, estou entre os que mais venderam. Em São Paulo, dificilmente alguém vendeu mais empreendimento da Gafisa do que eu e a minha equipe. Nós gostávamos de vender, pois ela sempre pagava muito bem e premiava também.

Quando chegamos em São Paulo para esse lançamento do Parque Barueri, minha equipe vendeu 80% de todo o empreendimento sozinha e tínhamos resultados absurdos. Eram 400 unidades e 200 e poucas foram vendidas pela minha equipe, que era composta por 25 corretores e todos vendiam muito, cada um vendia entre 10 e 13 unidades.

Havia vendedores que se destacavam mais, aqueles muito fora da curva, a gente se sentava e o cliente vinha para comprar uma unidade e saía de lá com três ou até quatro, essa era a nossa prática.

Nesse mesmo momento, diante de mais um sucesso de vendas, recebi um convite para assumir uma diretoria, fiquei muito animado pensando que seria ali em São Paulo mesmo, no entanto, eles me deram mais um desafio: ser diretor de vendas em uma unidade em Goiânia. Essa era uma unidade que vendia em torno de 50 milhões por ano, 3 milhões por mês e na minha cabeça eu pensava que os vendedores de lá deviam estar passando fome porque esse número dava uma média de 5 ou 6 apartamentos no valor de 500 mil cada, com isso eu achava que não devia ter muito o que vender por lá porque Goiânia é uma terra de fazendas e acreditava que não tinha cidade.

Preciso dizer que essa não era uma total novidade para mim, na verdade, quando fui premiado ainda em Santos como campeão de vendas, fui convidado para um almoço com uma pessoa chamada Tomas Sales, que na época era um CEO, uma espécie de conselheiro da empresa e muito respeitado internamente. Fui almoçar com ele e com o presidente da empresa e, depois de um tempo, chegou o irmão dele, o Francisco, e se juntou a nós.

Eles me fizeram esse convite para ser diretor de uma das unidades, o que me despertou total interesse, contudo, eu ainda não sabia que seria em Goiânia.

Então fui para lá para conhecer e montar a estrutura deles, a princípio eles pagavam um comissionamento até alto para a realidade daquela unidade na época, e imediatamente comecei a fazer contas e cheguei a resultados não muito animadores. Então, pensei que se eles me pagariam, por exemplo, 0,30% de comissões e a empresa vendia 3 milhões por mês eu receberia um salário de 9 mil reais, o que era muito abaixo do que estava acostumado em São Paulo. Continuei a fazer contas e percebi que para chegar a um salário de 90 mil eu precisava aumentar as vendas para 30 milhões por mês.

Mesmo assim, aceitei o desafio. Me pediram para que fosse olhar e entender melhor o negócio, já havia uma unidade da empresa instalada ali, também já tinha um gestor que cuidava da incorporadora, o Ricardo Teixeira, uma pessoa extraordinária, com uma inteligência absurda sobre negócios e sobre gestão.

Ricardo foi me buscar no aeroporto, me apresentou toda a cidade, ele já conhecia um pouco da minha história e queria me convencer a ficar ali, o que ele não sabia era que não precisava de muito esforço dele, porque eu adorava um desafio e já fui para lá com a cabeça certa de que ia ficar para fazer as coisas acontecerem. Fiquei em Goiânia por três dias conhecendo tudo o que o Ricardo tinha para me mostrar, depois falei a ele que voltaria para São Paulo para conversar com o pessoal e em seguida conversaria com ele novamente.

Eu gostei muito do Ricardo, nossa relação foi muito boa e, quando voltei para São Paulo, fechei com a empresa que iria assumir a diretoria de vendas geral em Goiânia. Imediatamente peguei minhas coisas, coloquei meu carro em uma cegonha e mandei para Goiânia. Quando cheguei lá, com todas as minhas coisas, aluguei um imóvel e fiquei ali por muito tempo.

No período em que estive ali, peguei a empresa vendendo 3 milhões por mês e com uma equipe muito boa, porque ninguém constrói nada sozinho. Conseguimos chegar a 15 milhões em vendas por mês, logo depois, a 35 milhões e aqui eu já estava vendendo 350 milhões por ano. Ainda era pouco comparado ao que ganhava em São Paulo, como corretor ou como gerente de vendas, mas estava nascendo um grande negócio, uma grande oportunidade naquele momento.

Eu tenho certeza de que Deus sempre esteve comigo, mesmo antes de ser convertido ou estar em uma igreja. Me recordo que, quando recebi esse desafio, aos 25 anos de idade, entrei no banheiro, tranquei a porta, me ajoelhei e todo emocionado comecei a agradecer a Deus por estar recebendo aquela oportunidade, porque era muito mais que dinheiro, era a chance de mostrar que tinha chegado onde eu queria.

Isso era maravilhoso porque eu estava aceitando um cargo que eu almejei e me preparei para ele a minha vida inteira. Eu olhava para trás e via como tinha chegado na empresa e como estava naquele momento, isso foi muito gratificante.

## SUCESSO É SINÔNIMO DE RENÚNCIA

Eu sempre encarei as vendas como uma ciência em que você se destaca quando se prepara mais do que os outros. Sempre disse a todas as pessoas que treinei que é necessário conhecer muito bem o produto, chegar mais cedo que os outros, ir embora depois de todo mundo porque não basta só ficar ali esperando alguém para vender. É necessário se dedicar, viver e respirar aquilo, trabalhar contente, deixar os problemas fora do trabalho e, principalmente, entender que se você tem uma família, essas pessoas dependem de você e dos seus resultados e, além disso, querem te ver como um vencedor, um verdadeiro campeão.

**"A VENDA É UMA CIÊNCIA EXATA E PARA SE DESTACAR TEM QUE SE DEDICAR MAIS QUE OS OUTROS"**

Eu sempre dei o meu melhor e acredito que por isso atingi o topo. Posso dizer que chegar lá não é tão difícil como se imagina, mas é bem sacrificante. O segredo dessa jornada é abrir mão de muita coisa e se você está disposto a isso para alcançar os seus objetivos, então será possível. Agora, se você tentar conciliar todas as coisas, fica praticamente impossível chegar lá.

Eu abri mão de finais de semana, feriados, trabalhei em muitos natais e finais de ano, fazia isso enquanto a maioria das pessoas estava na praia ou viajando. Aos finais de semana, meus amigos me ligavam e me chamavam para um churrasco na piscina, com pagode ou algum DJ e minha resposta era: *"Não posso, estou trabalhando"*. Eu estava focado, abrindo mão de determinadas situações para ter sucesso em outras.

**"SE VOCÊ SUPORTAR O QUE OS OUTROS NÃO SUPORTAM, VIVERÁ O SOBRENATURAL"**

É possível viver os seus sonhos e objetivos, tanto na área de móveis como na de imóveis ou em qualquer outra que você queira, desde que você esteja comprometido com as suas metas.

"É IMPOSSÍVEL REALIZAR OS SEUS SONHOS VIVENDO A VIDA DE OUTRA PESSOA"

Então, para você realizar seus sonhos, bater a sua meta e atingir seus objetivos você precisa viver a sua vida e a sua realidade, caso contrário, em algum momento, você se dispersa e não atinge a realização.

## FACILITANDO A VIDA DO VENDEDOR

Quando assumi a empresa em Goiânia, percebi que precisava das mesmas ferramentas que eu não tinha no começo da minha carreira, então, junto com o Ricardo Teixeira desenvolvemos coordenadores e começamos a dar treinamentos, expliquei a necessidade de ter mais material para o corretor trabalhar. Através dos coordenadores, começamos a treinar pessoas, preparar, ensinar, ajudar, e eu não tinha nada disso quando comecei, então, tudo o que foi dificuldade para mim um dia, eu estava facilitando para que o coordenador pudesse sanar os problemas com os vendedores.

Meu objetivo era estreitar a caminhada das pessoas porque eu não tinha dificuldade alguma em promover ou reconhecer alguém, eu queria que as pessoas crescessem para que a empresa pudesse crescer também. Para isso, escolhi o caminho de facilitar a vida do homem de vendas. Eu sei que muitas empresas não entendem que quando elas preparam, auxiliam, ensinam e treinam esse profissional, ela mesma vai crescer porque as dificuldades são bem menores, **uma vez que a vida da pessoa é facilitada, ela facilita a vida da empresa também.**

Se tinha algo que me incomodava muito era que o homem de vendas fosse embora com alguma dúvida. Eu sempre batia na tecla de que um vendedor não pode ter dúvidas, ele precisa ter suas perguntas esclarecidas, então coloquei isso em prática.

Dessa forma, era notório que em pouco tempo íamos triplicar e até quadruplicar o faturamento da empresa, e isso realmente aconteceu. Escrevemos uma história linda de vendas e superação, batemos todas as metas da empresa, chegamos a ser reconhecidos nacionalmente. Logo após isso, a empresa abriu seu capital e instalou novas unidades chegando a se espalhar pelo Brasil inteiro. Participamos dessa realização de sucesso juntamente com outros colegas e isso foi muito satisfatório.

Além de facilitar a vida dos meus homens de vendas, eu sempre digo a eles uma frase que aprendi ainda muito cedo e diz assim:

"ANTES DE SAIR DE CASA, NÃO SEQUE AS COSTAS. PEGUE UMA TOALHA, OLHE NO ESPELHO E DÊ UMA POLIDA NA SUA ESTRELA"

Sempre digo isso porque para mim toda pessoa é uma estrela, mas você tem ideia da estrela que você é? Por isso é importante cuidar bem de si mesmo, e ao invés de se secar após o banho, você deve pegar a toalha, polir a sua estrela e sair para brilhar porque o mercado está aí para te iluminar.

Eu sempre tive a minha estrela, meu brilho natural e em algum momento até fui comparado com o Lobo de *Wall Street*. Confesso que no começo eu não entendia porque ainda não tinha assistido ao filme, porém, quando assisti, percebi que realmente me identifico com esse homem em muitos aspectos. Por exemplo, assim como ele, sou de fazer movimentação no salão de vendas, gosto de treinar o homem de vendas e colocar o brilho nos olhos dele, mostrar que é possível, deixá-lo com o sentimento de ganho, de conquista, com um tesão de conquistar objetivos e de pensar que pratica o sobrenatural, algo fora da realidade.

Eu me identifico com isso e meus colegas sempre me chamavam assim, porque muitas vezes eu me sentava para falar com um cliente que vinha para comprar uma unidade e acabava fechando a compra de cinco, eu entendia o potencial desse cliente, sabia que era um investidor.

Certa vez, cheguei a vender 50 unidades para um único cliente, você tem noção do que é isso? Consegui fazer um cliente comprar 50 unidades no empreendimento Alegria em Guarulhos, também da Gafisa e naquela ocasião passamos a madrugada toda assinando contratos. Isso realmente é algo histórico, vender 50 apartamentos em um empreendimento de quase 1000 unidades para investimento.

Nós tínhamos esse diferencial e, muitas vezes, éramos convidados por incorporadores para conhecer outros empreendimentos e para muitas pessoas era difícil vender um, dois ou três apartamentos, e nós chegávamos lá e vendíamos logo 30. Para nós não existia essa dificuldade.

Então, as pessoas me chamavam de Lobo de *Wall Street* e logo depois comecei a ver isso sendo pulverizado pela internet, pessoas se autodenominando com esse nome e se comparando ao próprio lobo, mas sem construir a sua própria história ou ser reconhecido pelo mercado. A internet hoje vende o que ela quer, mas eu com a minha história e meus resultados tinha mesmo muitas semelhanças com o Lobo de *Wall Street* e fico feliz em lembrar dessa comparação.

## DESENVOLVENDO PESSOAS E IDEIAS

Sou muito satisfeito por ter conseguido participar da história dessa empresa maravilhosa. Certa vez, tivemos um encontro nacional que foi em Brasília com todos os gestores regionais. Lá foi apresentado um resultado de quase 3 bilhões em vendas! Saber que fiz parte desse movimento e que ajudei a desenvolver pessoas e o sistema de trabalho é muito gratificante para mim.

Uma das ideias que ajudei a implementar foi o "pirata". Fiz parte desse movimento e fazia isso em Goiânia, cidade onde era diretor de vendas na época. O "pirata" é quando o incorporador tem apenas o terreno, monta uma tenda, coloca uma cadeira e uma mesinha e os corretores ficam ali cadastrando clientes. As pessoas passam e ficam curiosas perguntando o que vai ser no local e o vendedor diz: "*Aqui vai ser lançado um empreendimento, deixa o seu telefone que vou te mandar um convite para o dia do lançamento, vai ter um evento lindo, com show, também terá um apartamento decorado para conhecer e vou convidar o senhor e sua esposa para vir aqui gratuitamente.*" Fazendo isso, o corretor cadastrava pessoas interessadas naquele negócio.

Os primeiros compradores eram os próprios moradores do bairro, e descobrimos isso através de pesquisas porque eles ficam curiosos e, quando descobrem o que vai ser, são os primeiros a fazerem seus cadastros e depois compram o projeto.

Nós espalhamos essa cultura do "pirata" por vários lugares do Brasil. No início as pessoas diziam que éramos doidos, que em determinado lugar não daria certo, porém, quando o lançamento era feito e os clientes conheciam o decorado, o empreendimento era vendido em um final de semana porque conseguíamos provar o nosso trabalho mesmo que começasse sem uma estrutura adequada.

E sobre isso, imagine ter que esperar as coisas estarem prontas, ou ter uma estrutura de vendas adequada para começar a cadastrar as pessoas, demoraria muito tempo para conseguir vender porque não tinha uma carteira de clientes, nenhum nome cadastrado e se tivéssemos feito assim, talvez nunca teríamos sucesso em vendas.

Com a existência do "pirata" nós conseguíamos cadastrar a maioria dos moradores da região porque eles viam um trator demolindo casas antigas, muros, esquinas e ficavam curiosos para saber o que era aquela limpeza toda. Diante disso, fazíamos de 100 a 1300 cadastros naquele projeto para um empreendimento de 200 unidades. Depois que tínhamos os dados e endereço das pessoas, mandávamos um convite na casa delas para participarem do coquetel de lançamento e, quando chegavam, não tínhamos muitas dificuldades em fechar as vendas.

Hoje essa é uma prática comum no mercado, mas na época éramos chamados de malucos e sou muito grato em poder ter sido parte de grandes desenvolvimentos para mudar as situações do mercado.

Outra coisa que fez parte do meu trabalho tanto em Goiânia como em outros lugares que trabalhei é que sempre ajudei muito aos corretores a se desenvolverem. Muitas vezes eu via um corretor querendo estar em vários lugares ao mesmo tempo e eu entendi que não precisava disso, que se ele ficasse em um único empreendimento, se dedicando ali, já seria suficiente para o sucesso dele.

A minha preocupação era com essa rotatividade e o mercado deveria parar de permitir que isso acontecesse. Na maioria das vezes, os corretores não eram demitidos pela empresa, mas pediam demissão e ligando para esses corretores descobri que o motivo era o mesmo pelo qual eu também havia passado: falta de ajuda, pouco ensinamento e treinamento para que pudessem vender.

Eu queria mostrar para essas pessoas que agora as coisas eram diferentes do que eram antes e existia uma nova maneira de trabalhar na empresa. Comecei a convencer a empresa a pagar o CRECI do corretor e isso dava a ideia de que a empresa estava ao lado dele nesse novo cenário. Além disso, com a criação do cargo de coordenador eu tinha mais pessoas para ensinar porque o meu objetivo era que os corretores que trabalhavam comigo conseguissem seu sucesso através das vendas.

Tenho orgulho de dizer que mudamos esse cenário. Obviamente não foram 100% das pessoas que conseguiram resultados, porque depois que damos o primeiro passo de trazer o corretor de volta, o sucesso depende muito mais dele do que de nós, mas a nossa parte nós estávamos fazendo.

Quem comprava a nossa ideia e entendia o nosso propósito conseguia atingir resultados e, assim, começavam a mudar suas realidades financeiras. Era lindo ver maridos trazendo esposas para trabalhar na profissão dele, e esposas trazendo seus maridos para unir forças com ela. Assim, muitos foram seguindo a profissão e obtendo sucesso.

Para mim, eu começava a sentir que alguma coisa estava querendo mudar novamente e que eu precisava de algum novo desafio para continuar a minha jornada.

# capítulo 8

# novos rumos

Com todas as minhas ideias e projetos sendo implementados e consolidados, comecei a ganhar muito dinheiro e a conquistar coisas absurdas. Então comecei a fazer gestão disso e mostrar para as pessoas que era possível comprarem imóveis, adquirir um empreendimento, comprar apartamento, coisas que jamais imaginei que poderia ter condições para comprar. Diante disso, percebi que já havia chegado ao meu teto naquela empresa, não era mais possível evoluir ou crescer. Fiquei por cerca de 12 anos na mesma empresa, entendi que havia dado tudo de mim ali e estava no meu limite.

Nesse período recebi um convite para retornar a São Paulo, porém para uma outra empresa e isso me despertou novamente o gatilho da mudança e o interesse em abrir a oportunidade, escutar e entender o que estavam me apresentando.

Naquele momento eu me vi começando a viver em uma zona de conforto, já estava saindo com gerentes durante a semana para tomar vinho ou cerveja na hora do almoço, sem compromisso com a hora do retorno, estava tranquilo e estável financeiramente e profissionalmente e isso estava me atrapalhando porque eu já não trabalhava da mesma forma que antes, então entendi que alguma coisa precisava acontecer.

De repente, fui surpreendido por uma ligação de um colega me perguntando quando eu estaria em São Paulo para conversarmos, pois ele queria me ver, tomar um café e bater um papo porque fazia um bom tempo que não nos falávamos. Coincidentemente, ou não, eu estaria em São Paulo na semana seguinte para visitar meus pais, então combinei de vê-lo para conversarmos.

Chegando ao café, recebi uma proposta para trabalhar em uma equipe de uma moça chamada Carla, em um grupo que estava comprando grandes imobiliárias em São Paulo chamada *Brasil Brokers* e estavam fazendo isso com o objetivo de se tornarem uma das maiores empresas da América Latina. Era um grupo americano que veio ao Brasil com essa finalidade.

O Peixoto, o mesmo que começou a história comigo lá atrás e era um cara desbravador e totalmente fora da curva, estava na gestão dessa empresa e foi por ele que meu nome surgiu como uma possibilidade para aquela empresa. Assim, fui, ouvi o desafio, gostei e, quando retornei para Goiânia, fui logo fazendo o meu desligamento da Lopes.

Essa minha atitude teve uma certa rejeição, eles não ficaram muito felizes, eu já tinha o DNA daquele lugar e eles tinham me dado muitas oportunidades. No entanto, eu paguei tudo que devia com o meu trabalho e a empresa me honrou em tudo dentro do mercado, então, naquele momento, eu estava concluindo o meu trabalho e aceitando o desafio de entrar em uma nova empresa do mercado imobiliário, a *Abyara Brasil Brokers*.

É muito difícil deixar uma empresa na qual temos os colegas de trabalho como se fossem da sua família, você participa de mais tempo no ambiente de trabalho do que na sua própria casa e eu tinha a Lopes como minha família. Sou muito grato, tudo que sou, o que aprendi como corretor de imóveis e até como pessoa, como homem, vem em grande parte dos momentos que vivi ali.

Quando entrei na Lopes, eu estava saindo do setor moveleiro, apesar de ter bagagem de vendedor, eu era um adolescente ainda, e na Lopes já era um homem tomando decisões difíceis, me mudando de estado sozinho e aceitando muitos desafios fora do meu lugar de conforto.

Sair dali não estava sendo fácil, muitas pessoas, inclusive os próprios donos e presidentes da empresa gostavam de mim, todo mundo sabia quem eu era, o meu nome circulava por todo mercado, eu sabia que era uma decisão muito difícil de ser tomada.

Eu fui para esse novo desafio, mesmo sabendo que receberia muitas críticas porque não eram todos que me apoiavam, muitos achavam que eu era maluco, que estava indo fazer uma besteira ou que era inconsequente, porém eu estava disposto a trilhar novos rumos e aceitei trabalhar na *Abyara Brasil Brokers*.

Quando você sai de uma empresa em que trabalhou por muitos anos, é natural acabar levando muitas pessoas junto com você e eu tinha o meu grupo que me acompanhava. Como na área de móveis muitas pessoas saíram e por minha causa conheceram o setor imobiliário, agora não seria diferente, eu não precisei convidar ninguém, mas as pessoas que se identificavam comigo me procuravam voluntariamente porque se sentiam bem em estar ao meu lado, e queriam continuar trabalhando comigo.

## PODERIA TER SIDO MELHOR

Eu tive uma trajetória bem bacana nessa nova empresa, fiquei ali por cinco anos, foi uma grande escola para mim, mas com muita dificuldade. Eu ganhei dinheiro ali dentro sim, bati as metas, ganhei troféu também, porém confesso que poderia ter sido muito melhor. A própria empresa em si não proporcionava um ambiente muito favorável, obviamente não por causa dos donos ou de quem estava na gerência, enfrentei dificuldades por causa das outras pessoas que trabalhavam ali porque me viam como o diferente, o cara que veio da concorrência e isso acabava atrapalhando o andamento do negócio.

É claro que entreguei bons resultados lá dentro, mas como mencionei antes, poderia ter sido bem melhor. Entendo que muitas empresas sofram isso aqui no Brasil, porque quando entra uma pessoa vinda de outra empresa ou um colega com uma formação diferente e assume um grande cargo, ou ainda vem para resolver grandes desafios dentro de uma companhia, isso acaba gerando ciúmes e irritação em quem já está ali por muitos anos e não teve a mesma oportunidade.

Nesse caso, essas pessoas remam contra a própria empresa, o que atrapalha demais o crescimento tanto da empresa como da própria pessoa. Quando isso acontece, você passa mais tempo tentando provar sua capacidade, que tem possibilidade de realizar aquele objetivo ao invés de estar focado em desenvolver a venda e crescer.

Mesmo sendo um ambiente um tanto difícil, eu fiquei um período considerável naquela empresa e fiz amigos também. Quando você fica um grande período em uma empresa, muitas pessoas não se identificam com você, contudo, tantas outras querem mudanças porque já estão cansadas do modelo de sempre, e são essas que se aproximam de você para ajudar a promover a transformação do negócio. Tive muita rejeição e o trabalho foi bastante árduo, porém foi realizado com sucesso. Minha trajetória nessa empresa foi pesada e cansativa, poderia ter sido bem mais leve, mas não foi.

Em uma das amizades que fiz conheci um homem chamado Souza, um cara bem engraçado que tinha uma trajetória bem parecida com a minha na Lopes, mas a dele era ali na *Abyara*. Na verdade, a *Brasil Brokers* comprou a empresa que ele trabalhou por quase 20 anos, ele tinha uma bagagem enorme no mercado imobiliário.

Depois de cinco anos, eu não estava mais satisfeito em estar ali, não queria mais ficar, resolvi minha parte com eles e me desliguei. Naquele momento decidi tirar férias, seria praticamente a primeira em toda a minha vida, eu queria viajar. Permaneci 45 dias viajando, o que despertou a curiosidade de muita gente que ficava me ligando para saber o que estava acontecendo comigo, queriam saber para onde eu estava indo e minha resposta era: "*Gente, eu estou de férias, no momento estou sem trabalho e não quero trabalhar, quero cuidar da minha saúde mental*".

## MAIS UM NOVO DESAFIO

Fiquei todo esse tempo fora e, quando voltei, o Souza me procurou, me chamou para almoçar e bater um papo e eu fui porque era um colega que tinha conhecido profissionalmente. No almoço ele me disse que havia aceitado o desafio de trabalhar na empresa Fernandez Mera, na Avenida Brigadeiro Luiz Antônio em São Paulo, e me fez um convite para conhecer o senhor Fernando Fernandez. Ele queria conversar comigo, me disse que eu ia encontrar uma outra realidade, não existia a cobrança que estávamos acostumados, era uma outra ideia, um outro projeto.

Ponderei um pouco e pensei: "*Bom, se o Souza que ficou quase 20 anos na Abyara saiu e aceitou isso, com toda certeza deve ser uma coisa mais tranquila, vou lá para entender o que eles querem*". Cheguei naquela empresa para conversar e saí de lá contratado, eles estavam querendo conduzir uma nova proposta de atuação dentro de São Paulo e em outros lugares do Brasil.

O senhor Fernandez era um homem com uma inteligência surreal, um ícone no mercado. Com o tempo, descobri que ele e o senhor Chico Lopes, fundador da Lopes onde eu trabalhava, haviam trabalhado juntos no início de suas carreiras e dividiram o mesmo plantão enquanto corretores. Fernandez era um homem muito respeitado no CRECI porque havia ajudado a comercializar São Paulo. Ele vendeu muitas áreas para grandes construtoras, desenvolveu muitos projetos ali.

Em nossa conversa, disse a ele que estava vindo pelo desafio e que a minha vida era feita de aceitar desafios, contei a ele que já havia viajado o Brasil por lugares onde nem imaginaria vendendo imóvel, continuei dizendo que entrei ainda novo e muito assustado na Lopes, e quando percebi, estava desbravando São Paulo e, posteriormente, outras cidades do Brasil, levando um pouco do que tinha aprendido para outras pessoas.

Continuamos nossa conversa e confessei a ele que não queria mais trabalhar fora de São Paulo, por mais que tivesse amado outros estados e capitais eu queria ficar ali e por isso aceitaria a diretoria que ele estava me oferecendo. Aceitei o trabalho com ele na Fernandez Mera e foi um dos períodos mais felizes da minha vida, tudo era muito leve, tranquilo, um sistema de trabalho inteligente, batíamos metas, comemorávamos e tínhamos tempo para diversão. Ali as coisas caminhavam em outra velocidade.

**"EU ESTAVA PRESENCIANDO UM OUTRO FORMATO DE TRABALHO"**

Enquanto a Lopes exigia exclusividade em um *stand* onde só ela pudesse vender, tanto a *Abyara* como a Fernandez Mera dividiam *stands* de vendas com outras empresas e todos sabiam que estávamos ali realizando grandes negócios. Era comum em um *stand* ter o meu time de vendas, o da *Abyara* e o da própria construtora, existia uma competitividade porque todos sabiam que éramos campeões, ganhávamos de todas que dividiam o *stand* com a gente.

Certamente, a nossa postura começou a incomodar as outras empresas, nosso trabalho, além de diferenciado, era reconhecido em todo o mercado, as pessoas ouviam falar de nós e alguns diziam: "*O Vicente está lá, o Souza está lá*". Muitas vezes não fazíamos esforço algum, as pessoas deixavam de comprar com outras empresas por causa da nossa entrega de resultados e era por isso que elas vinham.

Hoje o senhor Fernandez não está mais entre nós, faleceu em 2021 e quem cuida da empresa é o seu filho, o Gonzalo, que é uma pessoa maravilhosa. Porém, enquanto trabalhei com o Fernandez, ele me ensinou a desacelerar um pouco o meu ritmo. Eu era muito acelerado porque o mercado tinha feito isso comigo, e ele me ajudou a ser mais inteligente. Ele dizia que quem corre é a bola e não o jogador, como gostava de comparar.

Na Fernandez Mera, tive uma trajetória de três anos e foi maravilhosa, linda e leve. Além disso, ganhei dinheiro, bati metas e o ambiente de trabalho era harmonioso, as pessoas se amavam. Particularmente, eu não acreditava que estava vivendo aquilo dentro desse segmento porque nas outras empresas pelas quais passei um queria pegar o outro, tirar proveito dos resultados do outro, era uma competição muito rígida e em alguns casos até desleal.

O senhor Fernandez me mostrou um novo formato, lógico que tínhamos metas a bater e resultados a entregar, mas ele tirava isso de nós de uma forma tão inteligente que nem sei explicar, só ele tinha esse formato e foi o que me fez ficar ali por três anos. Aprendi coisas para a vida que jamais vou esquecer.

## HORA DE PARAR

Depois de três anos nessa empresa e de todo esse tempo no mercado imobiliário, eu estava cansado e bem desgastado. Eu sentia que precisava me desligar um pouco, viajar pelo mundo, ter outro nível de conhecimento para a minha carreira. Até esse momento eu só tinha trabalhado de domingo a domingo e não tinha feito nada diferente disso, desde a época em que trabalhava com móveis. Estava na hora de enriquecer outro lado da minha vida. Então, fui até o senhor Fernandez, agradeci pela oportunidade e ele, a pessoa extraordinária que era, me desejou toda felicidade do mundo, e assim eu saí do mercado.

Nesse momento, todo mundo começou a me ligar, muitos achavam que eu ia para outra empresa, e de fato recebi muitas propostas, inclusive de construtoras que me convidavam para montar um time de vendas para elas, para montar a minha própria *house* em imobiliária. Vários amigos meus seguiram por esse caminho e se tornaram diretores até mesmo da Lopes, e estão nisso até hoje, poderia citar pelo menos 10 nomes de pessoas que se tornaram diretores e estão muito bem financeiramente e profissionalmente realizados, no entanto, eu não queria mais e decidi viajar.

A partir dessa decisão, comecei a viajar pelo mundo e a conhecer um pouco da história de outros lugares, comecei a me desligar desse segmento. Fiquei quase dois anos viajando, só queria saber de passear, curtir e colher um pouco do que havia plantado, estava vivendo dos recursos financeiros que tinha juntado e também dos meus aluguéis.

Nesse período de viagens e reflexões, comecei a gostar mais de mim e a conhecer a vida por outros ângulos que ela podia proporcionar, além disso, estava cuidando da minha saúde mental e emocional, conhecendo pessoas, fazendo *networking*, compreendendo outros segmentos, vendo a forma como outros empresários viviam. Passei a entender como muitas outras pessoas obtinham sucesso em seu segmento. Tudo isso foi muito satisfatório para mim, e por um período eu me desliguei completamente do mercado imobiliário.

# capítulo 9

# o meu mundo mudou

Logo após esse meu período sabático, o mundo começou a passar por uma situação bem difícil com a pandemia da COVID-19. Eu tive muita sorte antes disso, porque além de conseguir viajar bastante, quando voltei, consegui comemorar o meu aniversário no *Jockey Club* em São Paulo, porém, no dia seguinte a essa comemoração, São Paulo entrou em *lockdown*. De repente estávamos sem o controle de nossas vidas, tudo estava na mão dos governos que passaram a dizer quem podia e quem não podia sair de casa.

Aquele momento foi bastante desesperador, o mundo estava parando, o mercado se desligando e muitas pessoas que não estavam preparadas financeiramente começaram a entrar em desespero.

De repente, me vi trancado dentro de casa, só que estava com o espírito leve porque havia acabado de retornar de viagem e de um tempo de descanso mental, então eu estava muito bem, meu carro zero na garagem e recebendo meus aluguéis. Além disso, tinha terminado um relacionamento de namoro porque naquele momento não queria mais me relacionar com ninguém, pelo menos era o que eu pensava.

Com tudo parado e eu com muito tempo dentro de casa e solteiro, comecei a olhar as redes sociais e encontrei uma pessoa que praticava capoeira. Aquilo me chamou a atenção, ainda mais porque eu vinha de uma família de mestres capoeiristas, todos os meus tios são mestres, cresci vendo minhas primas jogarem e eu também praticava como esporte. Meus tios até hoje vivem da capoeira, são professores, aplicam treinamento militar.

Gostei do que aquela pessoa estava fazendo ali no *Instagram* e comecei a segui-la. Era uma moça muito bonita, tinha o perfil de mulher que eu gostava, então mandei várias mensagens. E ela visualizava e nunca respondia. Eu percebi que ela não morava no Brasil porque a maioria das fotos era de fora, mas naquela época, coincidentemente ou não, ela estava por aqui. Certo dia, fui surpreendido por uma resposta dela e começamos a conversar, a princípio sobre o esporte, depois falamos de outros assuntos.

Ela também começou a me seguir no *Instagram* e a olhar as minhas fotos, eu também olhava as fotos dela e aquela amizade começou a se aprofundar, fomos criando mais intimidade, mais segurança um com o outro, trocamos telefone e passamos a conversar pelo *WhatsApp*. Nesse mesmo período, fiz um convite a ela, nós já nos falávamos com certa frequência, São Paulo ainda permanecia toda fechada, estávamos há meses trancados cada um em seu apartamento, todo mundo tinha medo de contaminar alguém, não podíamos ir a lugar nenhum.

Por causa desse *lockdown,* eu muitas vezes fazia um churrasco só para mim, não podia convidar ninguém, pois as pessoas estavam com medo de sair de casa. Eu fazia uns *drinks,* assava carne e ficava ali vendo uma live. Mas eu já estava cansado de ficar sozinho e então decidi convidar aquela moça para vir em meu apartamento comer um churrasco e ver uma live do Gustavo Lima. Liguei para ela e perguntei como ela estava, se estava se cuidando, ela me disse que não saia de casa para nada e realmente ela era bastante responsável com aquilo.

Então, eu disse que tinha alguns testes instantâneos em casa porque minha mãe é aposentada e eu tinha medo de que ela se contaminasse quando eu a visitava, por isso eu fazia várias vezes. Nem sei ao certo se eles eram realmente eficazes, uns diziam que sim, outros que não, mas, enfim, eu fazia os testes.

Eu a convidei para vir ao meu apartamento e ela me disse: "*Acho que vou, estou há muito tempo em casa trancada, os aeroportos estão fechados, não posso voltar para Londres.*" Assim, pedi para que ela se organizasse que eu iria buscá-la, até para andar de Uber estava complicado porque muitas pessoas ainda entravam e saiam desses carros.

Fui buscá-la, fizemos o churrasco e fomos nos conhecendo e mostrando que havia interesse em ficar um com o outro, diante disso, passamos grande parte da pandemia juntos, ficamos por quase um ano morando juntos, o que foi muito bom porque ela estava sozinha em São Paulo, a família dela era da Bahia e eu não saía de casa também, então ficamos ali trancados e um fazia companhia ao outro. Desse jeito, Deus foi nos aproximando e fomos nos conhecendo cada dia mais.

Eu contando assim até parece que foi fácil, mas realmente não foi. Conversamos bastante tempo pelas redes sociais até que pudéssemos nos ver. Era muito difícil conhecer uma pessoa assim e aceitar um convite para ir até a casa sem antes ter me visto, mas era o único jeito que tinha para nos conhecermos pessoalmente, não dava para sair, não havia restaurantes ou *shopping* abertos. Claro que passei um certo tempo tentando convencê-la a vir me visitar, e se ela não tivesse aceitado não teríamos nos conhecido, pois não havia outra forma. Ainda bem que ela aceitou, passamos um tempo juntos e conseguimos entender melhor a história de vida um do outro.

Durante esse período, decidimos que estaríamos juntos, no entanto, nenhum de nós queria compromisso, até porque naquela época ela estudava e trabalhava fora do país, estava morando em Londres há dois anos e já tinha vivido cinco anos em Barcelona. Na verdade, nós tínhamos medo de nos envolver, o que não sabíamos é que já estávamos envolvidos.

Era mesmo uma situação estranha, pois como ficaríamos depois que tudo voltasse ao normal? Dias antes da situação da pandemia se agravar, ela havia ido a uma igreja onde o pastor disse que as portas se fechariam para ela, com medo ela repreendeu aquela fala porque ainda não sabia o que significava. Depois, pensando melhor, entendemos que se tratava da pandemia que havia fechado todos os aeroportos e a impediu de voltar a Londres, o que foi bom porque nesse período nos conhecemos.

## ELA VOLTOU PARA LONDRES

Quando as coisas estavam voltando ao normal e os aeroportos foram abertos, ela quis voltar para a realidade da vida dela em Londres, eu também tinha que voltar para a minha, o problema é que já estávamos muito envolvidos um com o outro. Por causa desse envolvimento, entendemos que seria difícil manter aquele relacionamento a distância, ela em um país e eu em outro, então, decidimos romper os nossos contatos ali mesmo antes que ela partisse e assim fizemos.

Depois que ela foi para Londres, tentei retomar a minha vida, continuei com minhas viagens e programações, contudo, nem eu e nem ela estávamos felizes com essa situação, descobrimos que já nos amávamos.

Eu estava solteiro e tentava esquecer a minha parte mundana, eu era católico, fiz primeira comunhão, primeira eucaristia, mas não era praticante, raramente ia à igreja e estava tentando mudar esses comportamentos.

Diante de toda essa situação que tínhamos enfrentado, eu estava bastante triste com a ausência da mulher que eu amava, até que um dia o pai dela me ligou e disse para que eu atendesse a filha dele porque ela queria conversar comigo. Quando ela foi embora, não teve muita sorte porque, ao chegar em Londres, decretaram um novo *lockdown*, e lá era muito diferente do Brasil, enquanto aqui podíamos sair para comprar mantimentos ou ir a uma farmácia, lá não podia sair para nada. Aqui eu ainda conseguia viajar, mas lá ela estava totalmente trancada.

Sem escolha e nenhuma possibilidade de voltar, ela ficou trancada em Londres por dois meses, não podia sair, não conseguia treinar e, quando ela conseguiu falar comigo, estava profundamente triste, falava o quanto ela gostava de mim, eu respondi que também gostava muito dela, porém não queria sofrer e não estava a fim de me envolver com ninguém naquele momento. De repente ela me interrompeu, com muita coragem me disse que tinha conseguido comprar a passagem e estava voltando para o Brasil. Confesso que ouvir aquilo me deixou muito surpreso e ao mesmo tempo feliz.

Então, ela fechou o apartamento que morava lá, trancou a matrícula do colégio onde estudava, se desligou da empresa que trabalhava e veio embora sem me avisar o dia que chegaria, e antes que eu percebesse, ela chegou em minha casa com todas as malas e me disse: "*Vim para ficar.*" Diante daquela situação, nós nos abraçamos, choramos muito e estamos juntos até hoje.

A partir desse momento, começamos a ter uma vida juntos, uma vida de casal, viajávamos, passeávamos, fomos para vários países juntos e nos divertíamos muito. Em paralelo à vida que estávamos construindo, ela nunca deixou de ir à igreja.

Jhenifer Soares é o nome da minha amada, ela é órfã, perdeu o pai aos nove anos de idade e a mãe aos 18 e quem ajudou a direcionar a vida dela foi o pai de criação, o Geninho, que é mestre de capoeira. Ele sempre esteve por perto, desde quando a Jhenifer Soares era pequena, pedia para que os pais dela a deixassem treinar capoeira, ele sempre ajudou e cuidou dela como uma filha porque ele é um homem extraordinário.

Ainda hoje ele ama dar aulas de capoeira e é responsável por duas prefeituras na Bahia, onde ele mora e dá treinamento de capoeira. Ele ama crianças e com a Jhenifer Soares não foi diferente, mesmo com a mãe dela ainda viva ele sempre participou muito da educação dela.

Sempre que surgem dúvidas ou precisa desabafar, a Jhenifer Soares o procura porque ela o tem como um pai. Foi muito bem-criada, participava da igreja juntamente com suas tias e primas, frequentavam a Igreja Batista, a Assembleia de Deus e, quando ficamos juntos, ela começou a me levar para esse mundo, sempre com muito jeitinho e cuidado, ela me convidava para ir à igreja com ela e eu ia.

## CONHECEMOS VÁRIAS IGREJAS

Fomos a várias igrejas aqui em São Paulo, uma delas foi a Bola de Neve. Nós íamos aos cultos, mas confesso que em todas as igrejas que eu ia em nenhuma me sentia impactado. Obviamente eu saía bem melhor do que havia entrado porque conversar com Deus é muito bom, mas ainda não me sentia fortemente tocado.

Certo dia, um dos meus amigos do mercado imobiliário, o Mateus, que foi um diretor de uma das unidades da Lopes na Bahia, me convidou para ir a uma igreja chamada Igreja Batista da Lagoinha, na Avenida Pacaembu, cujos bispos eram Bruno Brito e a Vanessa Batista. Ele sempre me convidava e eu dizia que uma hora eu ia, até que um dia cheguei para a Jhenifer Soares e disse que nós precisávamos ir àquela igreja porque eu havia combinado com um amigo e já estava ficando chato todas as minhas recusas.

Decidimos ir e fomos. Quando chegamos, lá fui muito impactado, a igreja tinha muito louvor, um público diferente, e ali comecei a me interessar em estudar a Palavra e tomar conhecimento de fato do que era aquilo que eles falavam e passei a ir com mais frequência.

Assim, tive a oportunidade de conhecer o bispo Bruno Brito, o pastor Marcelo Oliveira, pastor Lucas Gomes, que é um entendedor da Palavra fora de série. Para se ter uma ideia, o pastor Lucas Gomes já pregava desde os 5 anos de idade, só por isso você já consegue imaginar a unção dessa igreja.

Comecei a frequentar os cultos todos os domingos e antes que eu percebesse, estava indo às quartas também. De repente o pastor chega e nos faz um convite para nos batizarmos. Eu fiquei surpreso e perguntei: "*Pastor, será que eu estou preparado?*" E ele me respondeu: "*Meu filho, ninguém nunca está preparado.*" Naquele momento eu senti que precisava me batizar e fizemos isso juntos, eu e a Jhenifer Soares. Depois disso, algo diferente começou a acontecer em nossas vidas, uma bênção, uma unção, um respeito por Jesus e um temor ao Senhor invadiu as nossas vidas e começamos a entender as coisas mundanas e isso nos levou a uma série de mudanças de comportamentos.

Deus estava agindo em nossas vidas de uma forma tão diferente, tão extraordinária que até hoje eu fico surpreso e me pergunto por que demoramos tanto. No entanto, o tempo é de Deus e não nosso. Sou muito grato a Ele pela vida dos meus pais, pela minha trajetória profissional, e hoje entendo que Ele sempre esteve presente comigo porque eu sempre estive realizando o sonho de famílias. Desde o início, trabalhando com móveis, ajudei famílias a colocarem uma cama, um sofá, um armário dentro de casa e posteriormente a casa própria, então sempre trabalhei pela realização dos sonhos de outras pessoas.

## MINHA PRÓPRIA EMPRESA

Logo depois da pandemia, eu montei a minha empresa. Hoje tenho a *PC Brokers Brasil*, uma plataforma digital, temos o escritório também em São Paulo e atendo a minha carteira de clientes. Tenho grandes investidores, fundos imobiliários e essa bagagem que vim adquirindo por onde passei me permite hoje atuar com uma equipe reduzida de vendedores.

Tenho muitos parceiros que trazem negócios, minha empresa é cadastrada em 99% das empresas do mercado imobiliário, então posso levar as vendas a qualquer construtora e incorporadora. Tenho acesso a empreendimentos, comissionamento diferenciado, meus clientes podem comprar com uma tabela mais barata do que a do próprio lançamento e com condições especiais porque compram como investidores.

Deus vem realizando coisas extraordinárias em minha vida, comercialmente falando, hoje é tudo mais leve, mais tranquilo, entendo que até quando eu entrei para trabalhar com o senhor Fernandez, eu já estava me preparando para essa desaceleração e para levar as coisas de maneira mais tranquila sem o sofrimento que era antes.

Hoje sou batizado, eu e a Jhenifer Soares nos casamos porque entendemos que um relacionamento sem o casamento não tem a aprovação de Deus e, a partir disso, começamos a nos cuidar como um casal de respeito.

# capítulo 10

# mudança de vida

Quando você começa a se conectar com Deus, as coisas começam a fazer mais sentido, tudo muda, fica diferente, as coisas parecem ter graça, você passa a ver tudo com respeito e temor.

Antes de me converter, eu era um homem omisso, um cara solteiro, com muita realização financeira e com muitas mulheres e não queria compromisso com nenhuma delas. Eu vivia trocando de mulher como se troca de roupas, não tinha respeito por sentimentos e realmente não queria nada com ninguém. Na verdade, acredito mesmo que tinha medo de sofrer porque vi o tanto que meu pai e minha mãe sofreram com a separação deles, tanto que nunca quis me envolver, vi o quanto foi desgastante o relacionamento deles com brigas e com os desrespeitos que o meu pai tinha com a minha mãe.

Meu pai sempre foi um excelente profissional, como você pode ler aqui neste livro, mas ele traía a minha mãe, não a respeitava, levava bebida para dentro de casa e o álcool sempre o deixava mais agressivo, então eu não queria isso para a minha vida. Eu era realizado, tinha o meu apartamento, meu carro, minha ótima condição financeira e para mim isso era suficiente, eu queria cuidar da minha mãe para que não faltasse nada a ela.

Hoje tenho certeza de que nós podemos mudar a maneira de pensar. Deus nos prepara e a gente muda porque Ele age de forma diferente e onde Ele age tudo pode ser transformado.

As pessoas olham para mim e não acreditam na pessoa que me tornei, no entanto, a Palavra mesmo diz que ninguém iria acreditar, as pessoas iriam analisar e não conseguiriam entender. Essa mudança já existe, e não é que eu queira mostrar alguma coisa para alguém ou porque queira enganar as pessoas, eu nunca agi com enganação, sempre fui boa pessoa, um bom homem com uma personalidade muito forte e muito caráter, porém hoje tenho uma visão diferente sobre as coisas, sobre o cuidado, como agir com as pessoas, sobre o que é certo e o que é errado, tudo isso porque Deus é maravilhoso e mudou a minha vida completamente. Os meus pastores, que são pessoas muito abençoadas, me ajudaram muito também.

Eu entendo que nada é por acaso, todas as coisas que eu fiz na vida foi para realizar sonhos de pessoas, vendi móveis e imóveis e nisso eu vejo que Deus sempre esteve presente em minha vida, realizando coisas através de mim e me usando como ferramenta.

Antes eu não entendia isso, mas agora posso entender perfeitamente, consigo ter essa visão e enxergo Deus conduzindo a minha vida.

A verdade é que eu achava que era bom, que entendia alguma coisa, no entanto, era sempre Deus me usando como instrumento para mostrar para as pessoas que o que elas querem é possível, e até hoje Ele me usa nesse sentido.

## TODOS PODEM MUDAR

Uma frase do pastor Márcio Valadão me chama bastante a atenção. Ele diz:

> **"NÃO IMPORTA COMO COMEÇA, IMPORTA COMO TERMINA"**

Eu acredito na evolução do ser humano, assim como acredito que alguém possa ser melhor, acredito no amor. Sei também que não podemos nos deixar enganar pelo olhar de alguém, porque o olhar engana, mas o coração não. Por isso, precisamos levar a Palavra de Deus por onde passamos, de forma leve e agradável, sem ser cansativo, a fim de que as pessoas queiram dialogar com você e não te acharem um chato. Deus quer que a Sua Palavra seja espalhada pelo amor, mostrando aos outros a sua própria mudança como um exemplo desse amor.

Quando as pessoas percebem que você mudou, que está com companhias melhores, que seu comportamento está diferente, que você respeita a sua mulher e por onde você passa transmite segurança e prova o seu caráter, então elas conseguem te ouvir.

Mesmo assim, precisamos estar constantemente falando, provando para as pessoas a nossa transformação e as coisas vão acontecendo na vida delas. É preciso encontrar oportunidades para falar a Palavra para as pessoas, levando um colega para estar com você em um momento em família e fazendo com que ele veja que é natural, que Deus cuida de você, da sua família, protege a quem amamos e pode fazer isso por todas as pessoas.

Quando comecei a fazer mais por mim e deixei de fazer tanto pelos outros, comecei a ser mais feliz. Se você prestou atenção, boa parte deste livro contém um discurso que eu fazia para provar para o meu pai e para as outras pessoas que eu era capaz, que tinha condições para realizar alguma coisa, isso é muito importante na vida, mas o principal é quando fazemos por nós mesmos, assim, nos tornamos mais felizes.

Hoje tenho a minha esposa, uma mulher maravilhosa em quem eu confio e não me atrapalha em nada. Antigamente eu tinha outras mulheres, e para poder sair tinha que "dar um perdido" em uma ou em outra para estar em algum lugar. Hoje não preciso mais disso, tenho a minha esposa, saio com ela, gosto que ela vá aos lugares comigo, eu a levo para tudo que é lado, a gente se curte e é feliz um com o outro participando das nossas festas.

Dá para perceber a transformação que Deus faz na vida de uma pessoa, até nisso Ele tem um cuidado e um carinho especial e muito inteligente, Ele muda os comportamentos das pessoas.

Meu campo de energia é de muita tranquilidade agora, vejo Deus agindo em tudo. Antes, quando as coisas pareciam bem difíceis e sacrificantes, eu pensava: "*Esse negócio não vai, parece que não anda*". Fechar um grande negócio era bastante desgastante, alguma coisa sempre ficava amarrada no jurídico ou dependia da aprovação de alguém, hoje tudo flui com uma naturalidade impressionante e, quando percebo, já está tudo finalizado.

Eu acredito muito na esfera espiritual e tenho certeza de que é Deus agindo em meu favor, porque não tem outra explicação, é sobrenatural. Percebo que o Juiz está me acompanhando em todos os momentos e esse Juiz é Ele, é Deus que julga as causas dos seus filhos. Fico surpreso com esse agir e hoje consigo ver o que antes não enxergava.

## RECADO DE DEUS

Quando eu estava frequentando a igreja, mas ainda não era batizado, aconteceu algo surpreendente comigo em um culto. Eu sempre gosto de me sentar bem na frente em todos os lugares que vou, seja um culto, uma palestra ou qualquer outro evento, gosto de prestar atenção naquilo que estou ouvindo e entender o que está acontecendo.

Certo dia, eu estava ali no meu lugar como sempre, e o pastor sênior da minha igreja desceu do púlpito ao final do culto e veio em minha direção, isso já me deixou um pouco intrigado, afinal, ele não era de conversar com as pessoas, sempre que o culto acabava, ele ia embora. Ele se aproximou de mim e disse: "*Tudo bem?*" E eu respondi: "*Tudo bem!*" Então me fez uma pergunta: "*Você tem meu telefone?*" Eu disse: "*Não.*" Então ele continuou: "*Então anota o meu número aí, me chama no WhatsApp que eu tenho um recado de Deus para você*".

Confesso que no primeiro momento aquilo me assustou muito, eu ainda era novo naquele mundo, não sabia muito bem como agir diante de uma situação assim. Eu anotei o telefone dele, porém não liguei, não mandei mensagem, fiquei com receio, tanto de incomodar o pastor como de saber o que Deus tinha para me dizer.

Alguns dias depois, uns 15 dias mais ou menos, fui a outro culto, na "Quarta Profética", e tinha um profeta pregando. O nome dele era Marcelo Oliveira, um homem fortemente usado por Deus. Durante toda a ministração, esse pastor não tirou os olhos de mim, eu estava olhando para ele porque eu estava bem na frente, não tinha como desviar o olhar.

Quando o culto acabou, eu fui embora, depois de um tempo, um colega que sempre encontro na igreja, o Jonas Mizael, que trabalhou comigo na Lopes e hoje é diretor na Gafisa, me ligou e disse: "*O pastor Marcelo Oliveira perguntou quem era aquele homem que estava sentado ao meu lado e eu falei que era um amigo meu, ele me disse que tem um recado de Deus para você e me pediu o seu WhatsApp e eu passei para ele*".

Naquele momento fiquei um pouco atônito com essa notícia, eu já tinha fugido de um pastor, não poderia fugir do outro. Então, peguei o telefone daquele homem e liguei, quando ele atendeu e eu me identifiquei, ele me disse: "*Olha, eu tenho um recado de Deus para você, meu filho, preciso que você agende um horário e venha aqui para falar comigo*". Eu estava gelado ao telefone, como disse, não conseguiria fugir da mesma forma que escapei, ele era o segundo atrás de mim, com certeza Deus tinha alguma coisa importante para me dizer.

Por um momento cheguei a pensar: "*Será que esses pastores estão conversando a meu respeito?*" Certamente que não era isso, era realmente Deus querendo falar comigo. Então, agendei um horário e fui até uma sala de reuniões para falar com ele. Logo de início já fiquei espantado. Aquele pastor começou a falar várias histórias da minha vida, coisas que ele não sabia e prosseguiu dizendo que Deus tinha coisas gigantescas para fazer para mim, e o que eu tinha vivido até ali não era nem sombra do que viria. Deus estava me acompanhado em tudo, Ele sabia da minha trajetória, desde o segmento moveleiro até o imobiliário.

Ouvir tudo aquilo foi fortíssimo para mim, comecei a chorar desesperadamente e o pastor continuou me dizendo para que eu não me desesperasse porque Deus estava comigo e tudo o que eu precisava aprender Ele mesmo me ensinaria, eu só precisava continuar trilhando o caminho que havia começado, ou seja, continuar na igreja e seguindo os caminhos do Senhor. Com toda certeza eu continuei e na sequência disso eu me batizei e me casei. Hoje estamos em todos os cultos e seguimos firmes junto ao Senhor.

Eu e minha esposa fazemos parte do Instituto Bíblico da igreja, sob a direção do pastor Lucas Gomes, aquele que eu disse que prega desde os 5 anos de idade. Além de ser responsável pelo Instituto, hoje ele dá aula na minha turma. Estudamos a Bíblia duas vezes por semana com ele e está sendo muito valioso para nós. Podemos entender o quanto Deus é poderoso, além de entendermos melhor a Bíblia porque, antes, quando abríamos a Palavra, não sabíamos nem por onde começar.

Para mim, tudo isso tem sido uma grande e maravilhosa descoberta. É um privilégio ter esses pastores próximos à minha vida, me sinalizando e ajudando cada vez mais a me aprofundar no conhecimento dessa Palavra que transforma vidas. Isso tem sido muito mais forte para mim do que para minha mulher, porque ela vem de uma família que já estudava e praticava esses ensinamentos, no entanto, seguimos juntos e firmes no propósito de Deus.

## CONFERÊNCIA DESTINO

Há algum tempo, tive a oportunidade de estar em casa e olhando as redes sociais passei pelo *Instagram* do Thiago Brunet. Ele estava organizando a Conferência Destino de 2022. Imediatamente, com um toque de Deus em meu espírito, eu disse para a minha mulher: "*Vamos?*" E ela me respondeu que sim. Então, quando ela entrou no site para fazer a compra, eu disse a ela para escolher os melhores lugares porque era isso que eu queria, e assim ela fez.

Foram dois dias de muita oração naquele evento com pessoas extraordinárias participando do ensino Bíblico, contando também suas histórias. A conferência aconteceu em um ginásio e estava lotado com 10 mil pessoas orando desde às 8h30 da manhã até às 22h da noite, e aquilo trouxe uma unção absurda. Eu tinha certeza de que estava no lugar certo, conheci várias pessoas, fizemos amizades, foi um negócio maravilhoso.

Muitas presenças foram registradas ali naquele palco, como Tiago Nigro e outros tantos, mas a que mais me impactou foi a presença do Pastor Cash Luna, um homem poderoso em Deus que tem igreja fora do Brasil. Eu já havia visto ele orando pelas pessoas outras vezes, e sempre que ele chegava perto ou simplesmente olhasse para a pessoa ela caía no chão. Sempre me questionei se aquilo era verdade.

Não sei se por coincidência ou não, no domingo daquela mesma semana, meu pastor havia convidado o Cash Luna para estar em nossa igreja, que é uma referência no mundo cristão, sempre temos personalidades conhecidas ministrando ali. Foram três dias de muita oração e jejum por esse evento, e já estávamos no limite da carne.

De repente, como disse que sempre gosto de me sentar à frente, me deparei com Cash Luna descendo as escadas e veio em minha direção e eu permaneci em pé orando, ele colocou a mão em mim e orou. Depois assoprou em meus olhos e, a partir desse momento, não me lembro de mais nada, além de que meus olhos fecharam, minhas pernas amoleceram e eu caí no colo da minha esposa. Ela me segurou para que eu não caísse no chão.

Fiquei ali por um tempo, em uma situação de relaxamento, fui voltando aos poucos e, quando abri os olhos, senti uma calma muito grande, uma paz e uma tranquilidade muito profunda. Quando me recuperei totalmente daquele impacto, olhei ao redor e havia muitas pessoas caídas ao chão, isso acontecia porque, por onde aquele profeta passava, o Espírito Santo era derramado.

Depois de um tempo, conversando com o pastor, fui entender que eu havia sido batizado pelo Espírito Santo e eu estava transbordando da presença Dele, a partir daquele momento, eu precisava ter mais comunhão com o Espírito, conversar com Ele, orar, pedir por mais da Sua presença, tudo aquilo era maravilhoso para mim.

Desde então, tenho vivido uma vida de grandes descobertas na presença de Deus, tenho orado, agradecido a Deus e tenho feito todas as coisas conforme Ele tem me pedido e, por causa dessa minha dedicação, tudo isso tem sido uma grande bênção em minha vida.

# capítulo 11

# reconhecendo o propósito

Desde que era muito jovem, ainda menino, eu pensava que o meu propósito era o dinheiro, hoje, depois de ter conseguido muitas coisas financeiramente, entendo que esse não é o propósito, mas Deus é. É claro que dinheiro é bom, eu mesmo andei atrás dele por muito tempo da minha vida porque queria ter liberdade, contudo, todo recurso do mundo sem Deus não vale nada, agora, dinheiro com Deus vale muito a pena.

**"O DINHEIRO COMPRA COISAS MUNDANAS, MAS NÃO COMPRA DEUS"**

Você pode comprar o que quiser, encher a sua casa de luxo, andar nos melhores carros, frequentar os lugares mais caros, no entanto, esse mesmo dinheiro não compra a paz e a tranquilidade que Deus oferece e saber isso muda todo o sentido da vida.

Depois de algum tempo caminhando e buscando exageradamente pelos recursos financeiros, hoje tenho equilíbrio, minha vida é espiritualizada, tenho Deus, amigos verdadeiros que não estão ao meu lado pelo meu dinheiro ou por causa da minha empresa. Eu sei que esse ramo em que vivi uma grande parte da minha vida é bastante sujo e ruim, na maioria das vezes, as pessoas se aproximam de você por causa das coisas que você conquistou. Hoje tenho a minha esposa a quem eu amo e sei que também me ama, e os meus companheiros são pessoas que realmente se importam comigo.

Me considero ainda bem jovem, tenho 40 anos e uma bagagem de vida gigantesca, porém, sei que muitas coisas eu vou começar a conhecer e a viver agora, por isso é enorme o meu desejo de contar a minha história e trajetória de vida para incentivar muitas pessoas a conhecerem a Deus o quanto antes, abrindo a Bíblia e se relacionando com Ele.

Sempre fui uma pessoa muito motivada, homem que trabalha com vendas tem que ser assim, e desde criança já acordava todo alegre e disposto, ainda hoje é assim, eu já era assim antes de conhecer a Deus, agora estou ainda melhor porque é uma alegria completa. Eu sei que existe alguém em quem eu posso confiar totalmente, que nunca vai dar as costas para mim. Tenho família e amigos em quem posso confiar, mas existem momentos em que encontramos apoio somente em Deus. Ele é o meu melhor amigo e tenho consciência disso.

Durante toda esta leitura, você pôde observar o tanto que o meu pai influenciou a minha vida como vendedor, no entanto, ele também me desapontou muito como pai, como homem de família, magoou muito a mim e a minha mãe e é muito difícil ser magoado por quem amamos.

Eu sei que muitas vezes ele nem sabia o que estava fazendo porque ele não vive esse mundo que eu vivo hoje, com a Bíblia para me orientar e mesmo vivendo ao lado do Senhor, ainda corro o risco de entristecer alguém, imagina distante Dele.

Meu pai não foi um exemplo de homem de família, mas como homem de vendas, como profissional, ele me ensinou tudo o que sei. Digo tudo isso porque mesmo ele sendo o meu pai e me amando como amava, ele foi capaz de deixar mágoas em meu coração, por essa razão, costumo dizer que o único que não deixa feridas no coração de ninguém é Deus.

Hoje entendo que o meu propósito não está em correr atrás do dinheiro ou de ter amizades importantes com pessoas que me querem por perto só por causa do que tenho, meu propósito é servir ao Senhor, levar conhecimento, transformar vidas para que não precisem passar por tudo o que passei.

## CONSELHOS IMPORTANTES

Já que o meu propósito é levar conhecimento às pessoas, quero deixar alguns conselhos para você que está pensando em iniciar em uma vida de vendas.

Para começar, você deve se olhar no espelho, confiar bastante em si mesmo, acreditar que você é uma ferramenta que vai fazer a diferença entre o consumidor e o produto final.

Sem dúvida alguma, o vendedor deve passar segurança, estudar bastante o produto e conhecer o que está oferecendo para as pessoas, além disso, você, enquanto vendedor, deve pensar se compraria aquilo que está tentando vender. Eu mesmo não vendo nada que eu não compraria, isso porque se você não quer o mal para si, também não deve querer para os outros. Você compraria algo que não presta? Então por que venderia isso a alguém?

Eu entendo que o Brasil tem uma desigualdade muito grande, porém vejo também muitas oportunidades que surgem dentro dos problemas e dificuldades, então, se você quer se destacar nesse meio, se quer obter êxito nesse mundo de vendas precisa se dedicar e fazer diferente do que os demais estão fazendo. Procure se preparar e estar sempre um passo à frente das outras pessoas. Se preocupe em conhecer as coisas, seja curioso em relação aos processos daquilo que você vende, dessa forma, você consegue se diferenciar das pessoas comuns.

## "GRANDES FENÔMENOS SEMPRE CORREM NA CONTRAMÃO"

Entenda, esse "correr na contramão" não significa você andar de frente com um carro que está vindo em sua direção, mas construir uma trajetória de horários diferentes, é se dedicar mais, é sim levar o trabalho para casa se for preciso e estudar enquanto todos os outros estão descansando, para que no outro dia você esteja mais preparado e alcance resultados que ninguém mais vai conseguir. É sobre isso que estou falando.

Acredito que hoje os pais têm muita responsabilidade na falta de interesse dos filhos em se profissionalizar, vejo muitos casos de pessoas que deixam seus filhos dormindo por muito tempo porque sentem dó de tirá-los da cama e obrigá-los a fazer algo de útil por sua própria vida e pelos outros.

Se os pais voltassem a ensinar a seus filhos desde cedo as responsabilidades de uma casa, levar o menino para trabalhar junto com o pai, ensinar que as contas chegam e precisam ser pagas para ter o mínimo de conforto que se tem, que precisam honrar os horários e compromissos e principalmente a palavra que se dá para as pessoas, o mundo seria muito melhor.

Hoje, os pais não ensinam e os filhos não se importam nenhum pouco em perguntar como o pai ou a mãe faz para manter a casa, sustentar a família, não têm responsabilidade com nada além das telas a que são submetidos o dia inteiro. Os jovens estão cada vez mais viciados em internet e isso começa quando a criança ainda é bem pequena, muitos pais não enxergam o tamanho do problema que estão metendo os seus filhos, e a colheita disso não demora a chegar.

A internet proporciona muitas coisas boas, inclusive é uma ótima ferramenta de vendas e de comunicação, porém ela também tem um lado muito ruim como a pornografia e muitos outros vídeos que estão formando adultos mal-educados, grosseiros, sem paciência e o pior de tudo, ignorantes no sentido de não saber absolutamente sobre nada.

Eu acredito que a diferença está nessa educação de hoje. Os pais precisam deixar seus filhos colocarem a mão na massa, fazer as coisas por si mesmo, conquistar seus objetivos, antes que a vida os ensine pelo sofrimento e pela dor. Enquanto você ainda tem poder sobre o seu filho, deve orientá-lo que a vida não é fácil, isso é mostrar o seu amor, ajudando, ensinando, mas fazendo com que esse filho se sacrifique um pouco e tenha responsabilidades, não porque você precise da ajuda dele, mas porque é ele que precisa entender como a vida funciona.

Eu sei que as coisas mudam muito de uma geração para a outra. No meu tempo de adolescente, as coisas não vinham assim tão facilmente, eu precisei lutar, correr atrás das coisas que eram importantes para mim. Hoje é muito diferente. As pessoas esperam as coisas virem até elas ou acontecerem de forma milagrosa, além disso, tudo é muito descartável, não existe mais o respeito aos pais, os valores estão completamente invertidos.

Sempre fui e até hoje sou a favor de ir atrás, de buscar as coisas, até mesmo mais responsabilidades, não podemos ficar parados esperando que alguém tenha dó de nós porque ninguém tem, e por isso vemos tantas pessoas culpando a sociedade por não conquistarem nada na vida.

**O meu conselho para você é que não existe nada fácil,** você precisa acordar cedo, ir atrás daquilo que quer, tem que lutar, se conectar com pessoas que sejam chaves para a sua vida. Você que ainda é jovem e está começando a sua vida, precisa colocar as coisas que você deseja como foco principal e buscar isso até que se realizem. Além do mais, deve excluir a reclamação da sua vida e parar de culpar os outros ou o governo do país, é necessário correr atrás daquilo que você deseja, nem que para isso precise assumir muitas responsabilidades.

Nós temos a oportunidade de mudar essa geração, no entanto, isso depende de que os pais não fiquem de braços cruzados. Os pais precisam voltar a ensinar os valores a seus filhos, levar para igreja, com vontade ou sem, porque é lá dentro que a vida das pessoas muda e é sempre para melhor.

Sempre vivi no meio de grandes tubarões, desde o mercado moveleiro até o imobiliário e aprendi que sou semelhante às pessoas com quem ando, como diz aquele ditado: *"Diga-me com quem andas que te direi quem és"*. Se você nada com tubaroes, logo seu DNA vai se tornando igual ao deles; se você for um líder, se tornará ainda maior, agora, se nadar com tartarugas é nisso que vai se transformar, vai nadar em velocidade baixa, pensando que tudo ao seu redor é essa tranquilidade toda, sem metas ou objetivos.

Deus, em Sua perfeição, acertou o nome de todos os animais e cada um realmente parece com o nome que tem. Imagine se um leão fosse chamado de tartaruga, não combina, não tem nada a ver, até o nome tartaruga é lento demais.

Então, você precisa buscar estar com os tubarões, assim nunca vai se comparar a outras pessoas com o mesmo nível que você, sempre vai estar buscando pessoas melhores para que um dia você seja referência para outras. Você precisa buscar uma referência em alguém melhor que você, não para que seja igual a ela, mas para que a supere. Tenho plena certeza de que tudo isso depende muito mais de nós mesmos do que de outras pessoas.

Não tenho a menor dúvida de que se os meus pais tivessem me educado dentro da igreja, indo com mais frequência, se tivesse sido conduzido nesse caminho desde criança e se eles tivessem uma participação bíblica dentro da igreja, um compromisso ali dentro, Deus teria mudado o destino da nossa família, seríamos livres de tanto sofrimento pelos quais passamos. Todos nós muitas vezes damos uma volta enorme, sendo que o caminho era curto, como o povo de Israel que ficou 40 anos no deserto sendo que o caminho levava 40 dias.

Nós até podemos pensar que Deus quis assim, mas acredito que se meus pais tivessem ido para a igreja, minha mãe tivesse criado a mim e a minha irmã, filha de outro casamento, dentro dos princípios, sem dúvida o caminho seria completamente diferente, tenho plena convicção disso.

## TRANSFORMANDO VIDAS

Durante a minha caminhada profissional, ajudei a transformar a vida de milhares de pessoas que chegavam para trabalhar comigo, muitas delas totalmente desacreditadas da vida, até sem condições de pegar um ônibus. Encontrei advogados com carteira da OAB que desistiram da profissão para trabalhar com corretagem e isso mudou a vida deles.

Deus me usou para isso, sempre tive grandes desafios e grandes responsabilidades, tirei pessoas de dentro de empresas, trabalhando com carteira registrada para oferecer um trabalho que não tinha ajuda de custo nenhuma, sem garantias financeiras. De alguma forma, sei que despertava as pessoas e mostrava para elas uma coisa que elas mesmas nem sabiam que continha dentro de si.

Então, sem a menor dúvida, eu sempre fui um instrumento de Deus na vida das pessoas, contudo, eu só tomei convicção disso agora e hoje tenho esse entendimento mais claro dentro de mim. Antigamente, eu pensava que tudo era colheita dos meus próprios esforços, porém eu sempre fui usado por Deus, mas eu não sabia disso.

Hoje trabalho nisso e por mais que dependa da situação financeira, estou consolidado no mercado, tenho muitas realizações concluídas, eu ainda sou jovem e tenho muitos objetivos e metas para realizar, sou recém-casado e eu e minha esposa temos alguns planos como marido e mulher, e muitos sonhos a serem alcançados. Contudo, vejo que tenho que fazer mais, de um outro jeito, de uma outra forma para atingir os meus resultados, tudo isso com propósitos diferentes.

Eu acredito que é possível, e cada vez mais consigo entender um pouco melhor, me preparo mais, tenho estudado bastante para que todas as vezes que eu tiver a oportunidade, eu possa servir porque é isso que me alegra muito.

Eu desejo que este livro impacte grandemente outros homens de vendas, outras pessoas que trabalham no comércio e os encoraje a nunca desistirem dos seus sonhos. Eles precisam entender que é possível realizar um grande trabalho com muito preparo diante da sociedade.

Quero servir como exemplo de uma pessoa que saiu do nada e chegou a um grande lugar. O meu desejo é que pessoas venham até mim, amigos, colegas e pessoas que eu nem conheço me procurando para entender e conhecer a minha história, que ela sirva de encorajamento para que não desistam.

Eu acredito que tudo é possível, agora, não é fácil, porque nada é. Todos precisam se dedicar, se dispor, abrir mão do seu tempo para alcançar resultados, e quem está disposto a isso consegue ir mais longe.

Meu livro tem como objetivo incentivar você a sair, desbravar o mundo e descobrir o que existe dentro de você. Quando você entender isso, sua vida será muito diferente. Não tem a ver com a condição financeira em que você nasceu ou está até hoje, mas com a sua dedicação e esforço para chegar aonde deseja.

Durante a minha carreira, passei por diversas dificuldades, e quando digo isso não estou falando financeiramente, passei pela dificuldade de abrir mão de muitas coisas, passei vários Natais e viradas de ano longe da minha família porque tinha aceitado grandes desafios que me impediam de estar com eles. Por muitas vezes fiquei triste, mas eu sempre tive o meu objetivo bem claro na minha mente.

## "NÃO FOI FÁCIL E NUNCA VAI SER"

Por mais que você tenha dinheiro, sempre vai faltar alguma coisa ou alguém em sua vida, você nunca estará 100% satisfeito porque isso quem faz é Deus. Nada em nossa vida foi escrito para ser fácil, e penso que se fosse, não teria a menor graça.

Apesar de eu ser formado e ter feito alguns cursos, porque, em paralelo a isso, eu seguia estudando e me preparando, tirei meu CRECI, fiz faculdade de Administração de Empresa, pós-graduação, fiz MBA, especialização em Finanças, Gestão e Coaching, participei de várias palestras com grandes homens de vendas para me tornar melhor, fui me aperfeiçoando e me atualizando para o mercado porque ele está sempre mudando e você não pode ficar para trás.

Portanto, espero que este livro impacte pessoas de diversas áreas  e que todos entendam que é preciso se esforçar bastante para realizar objetivos grandes. Vi muitas pessoas chegarem para trabalhar sem a menor condição financeira, e em pouco tempo terem suas realidades totalmente transformadas, podendo comprar carro, casa, colocar filhos na faculdade, proporcionar algum luxo para a esposa. **Tudo isso porque vendas não têm limites.**

# ao meu pai

*por ter me criado para ser forte e melhor do que ele. Sempre me viu como um campeão, uma pessoa destinada a vencer na vida, mesmo que para isso ele tivesse que ser muito duro comigo. Pai, essa pequena homenagem tem o objetivo de agradecer por ser a minha base, você me deu tudo que eu precisava nos momentos da minha formação como homem. Obrigado! Amo a sua vida!*

# à minha mãe

*Costumo dizer que nem minhas melhores e maiores realizações profissionais são capazes de expressar o papel que você tem na minha vida. Sua dedicação e o seu amor são os maiores responsáveis pela pessoa que me tornei. Imagino que muitas vezes não foi fácil seguir, muitas vezes pensou em desistir, se cansou, hoje eu agradeço porque, apesar de todos os obstáculos, a senhora continuou seguindo. Obrigado por ter me amado e dedicado tanta energia a mim. Que fique gravado que todos os melhores adjetivos do mundo são incapazes de expressar o papel que você tem na minha vida. Eu te amo muito!*

# à minha esposa

*À minha esposa. Falar de uma pessoa tão abençoada por Deus é mais difícil do que muitos podem pensar. A Jhenifer Soares veio aos poucos na minha vida, cuidando de todas as feridas que a vida tinha me causado, porque as pessoas nos veem fortes, mas não sabem que para sermos fortes nos machucamos muito. Deus a colocou no meu caminho para me mostrar coisas que eu não consegui enxergar sozinho.*

*Ela, sendo órfã, com uma família bem pequena no interior da Bahia, chegou com muito amor e cuidado comigo, fui me encantando com esse jeito dela, menina de muita paz e tranquilidade como uma boa baiana deve ser e, através dela, fui transformado pelo poder do Espírito Santo. Hoje somos casados e lutamos juntos por propósitos cristãos, não fazemos absolutamente nada sem antes ter Deus nos abençoando. Hoje ela tem uma família enorme para chamar de sua também. Eu te amo e agradeço a Deus todos os dias por sua vida.*

CRECISP

CRECI - 2ª REGIÃO

CONSELHO REGIONAL DE CORRETORES DE IMÓVEIS

# ao CRECI de São Paulo

*por me tornar um corretor de imóveis regular desde 2006, quando tive a oportunidade de conhecer essa profissão. Confesso que mesmo antes dessa data trabalhei por muitos anos sem ter o registro de corretor. Hoje reconheço a importância de ter sido regularizado e poder ser visto como corretor imobiliário. Sou agraciado com o diploma ético profissional pelo CRECI São Paulo por exercer a profissão. Aqui fica o meu agradecimento ao atual presidente do CRECI de São Paulo, José Augusto Viana Neto, por acompanhar e honrar a todos os corretores de imóveis no estado de São Paulo, meu muito obrigado!*

agradeço à LPS,

*grupo Lopes Consultoria, aqui sim me sinto como um filho falando com o seu pai, pois sempre tive muita liberdade de trabalho e tinha um DNA dessa casa, a família Lopes.*

*Só tenho a agradecer por tudo que vivi ali dentro, uma verdadeira escola do mercado imobiliário. Tudo que tenho hoje devo à lealdade que foi adquirida nesta empresa. Minha gratidão eterna a toda família Lopes, em especial, ao presidente Marcos Lopes, ao vice-presidente Francisco Lopes. Uma empresa que está no mercado desde 1935, criada pelo seu pai Francisco Lopes, um grande abraço a toda a família.*

# à Abyara Brasil Brokers

*Nesse primeiro instante é interessante ressaltar que vivi dois momentos nessa empresa e pude constatar a diferença. Esse primeiro agradecimento é por ter trabalhado em uma empresa em que o dono estava à frente, o homem que transpirava sucesso em negócios na veia, Dr. Arnaldo Curiati. Vi uma forma diferente de tratamento aos homens de vendas ali, também vi como o dono atuante dava muita credibilidade aos seus corretores e fazia toda a diferença. Anos depois fui convidado a retornar através de uma das pessoas que já cuidavam da empresa por meio de acionistas, pessoas que não eram do ramo, mas tinham muita vontade de fazer dar certo. Foi uma experiência incrível também, mas muito curta porque era outra proposta de negócio. Mesmo assim agradeço a toda companhia pelo trabalho que realizamos nesses anos. Muito obrigado por essa experiência!*

FERNANDEZ MERA

agradeço
à empresa
Fernandez
Mera

*pela minha trajetória. A família Fernandez nasceu no mercado imobiliário e, em 1983, por Élber Fernandez Mera, com o objetivo de assessorar incorporadores e construtoras na comercialização de empreendimentos, conquistou um grande prestígio no mercado brasileiro e logo se consolidou como uma das maiores imobiliárias do estado de São Paulo. Já comercializou mais de 63 mil imóveis, cerca de 7 milhões de metros quadrados ao longo das décadas de atuação de mercado. Agradeço a experiência incrível que tive nesses anos ao lado do senhor Elvio Fernandez e seu filho Gonzalo Fernandez. Gratidão é a palavra a ser usada a esses homens ícones do mercado imobiliário. Muito obrigado a toda a família Fernandez Mera!*

*Sinto-me muito honrada em poder participar deste lindo projeto do Paulo Cesar (para muitos, o Vicente — aquele que vence!), e tenho a plena certeza de que todo este material servirá para a transformação da vida de milhares de pessoas que querem romper para vencer, assim como temos lido a respeito da sua trajetória até aqui.*

*Tive um encontro com o Senhor Jesus Cristo já aos 51 anos de idade, e isso aconteceu através da vida do meu marido, que é bispo há 15 anos. Sempre vivi uma vida farta de muito amor dado por minha família e com muitos amigos em volta, mas carregava dentro de mim um vazio, uma inquietação muito grande em minha alma que me tirava o brilho dos olhos.*

*Quando conheci Jesus e me casei com Bruno, deu início a um processo de transformação muito genuíno e uma cura muito profunda. No início nunca é fácil, e para mim muito menos devido a uma história muito dura que vivi até esse encontro e devido a tudo e todos com quem fui me envolvendo até então. Muitas mudanças, questionamentos, receios, preconceitos... mas sem peso de cobrança à respeito da perfeição imediata, fui me envolvendo cada dia mais e me permitindo ser tratada em tudo, em todas as áreas da minha vida.*

*Hoje posso dizer que vivo uma nova vida de fato, tenho uma plenitude de paz em meu coração, fui resgatada daquele emaranhado que tentava sair por mim mesma, mas não conseguia e tenho a grande alegria de poder servir a milhares de pessoas pelo ministério que nos foi confiado por Deus e através de toda ressignificação que pude dar a todos os momentos vividos até aqui. O que é maravilhoso é que essa mesma oportunidade é dada a você hoje, e a todo aquele que queira, para que a esperança renasça em seu interior e você possa ser preenchido por aquilo que não pode ser encontrado em realização pessoal nenhuma, somente em nosso Pai dos Céus. Ele é real e somente Nele podemos viver uma vida de verdade!*

**Vanessa Batista**

Vanessa Batista é natural de Anápolis/GO, é empresária e tem uma linda família já com seis netos. Casada com o bispo Bruno, com quem fundou e lidera a Igreja Pura Fé em São Paulo/SP.

*Tudo começou na minha vida, em relação a minha caminhada com Deus e a fé, quando eu tinha meus cinco anos de idade. Eu não vim de uma família tradicionalmente cristã. Meus pais se converteram eu tinha entre quatro e cinco anos e isso se sucedeu porque teve um culto na minha casa e até os meus quatro anos eu não falava, e nesse culto comecei a falar. Glória a Deus!*

*Meus pais ficaram impactados e começaram a seguir Jesus. Com os meus cinco anos de idade, ganhei um terno de presente, queria usar por causa do filme Poderoso Chefão e eu fui na igreja de terno. Eu era o único menininho vestido daquela forma, e era um culto de crianças. Naquele dia, o pastor que iria pregar decidiu me colocar para pregar antes e depois dele e, dez minutos antes do culto, ele me ensinou a evangelizar. Preguei e me lembro como se fosse hoje: Mateus capítulo 5, versículo 4: "bem-aventurados os que choram, porque eles serão consolados". Preguei na semana seguinte, e na outra, e assim foi.*

*Quando eu tinha uns nove anos, tive a visitação de Deus e Ele me disse que eu seria um pregador da Palavra, seria um pastor, um ministro do Evangelho. Isso não significa que eu não tentei fugir, não significa que eu não tentei escolher os meus caminhos, tentei, mas havia um fogo que queimava no meu peito. Trabalhei dos 16 aos meus 19 anos, quando o Senhor me chamou para viver apenas da pregação do Evangelho e do pastoreio, do cuidar de pessoas. Eu prego há 23 anos, sou pastor desde os meus 21 anos e hoje também sou diretor do nosso instituto bíblico, no qual formamos pessoas e nos dedicamos para que elas conheçam o Evangelho e as boas-novas de Jesus Cristo.*

*O que eu quero deixar como mensagem é que não importa quais sejam suas dificuldades, todos nós temos um propósito de Deus em nosso coração, e aquilo que Deus colocou no nosso coração é maior que qualquer proposta que queiram nos oferecer. A eternidade está dentro de nós, por isso que independente das inúmeras situações, nada e nem ninguém pode parar o que Deus colocou em nós. Se todo dia nós tivermos disposição de nos levantarmos e irmos na direção, não importa os problemas, as dificuldades ou as situações aparentemente impossíveis de serem solucionadas, o que está conosco é maior do que o que está no mundo, amém.*

**Pastor Lucas Gomes**

*Eu sou Marcelo Oliveira, casado com Érika Oliveira, sirvo como pastor auxiliar na Igreja Pura Fé em São Paulo. Acredito que Deus chama um improvável para uma vida extraordinária.*

*Aos 19 anos de idade, tive o maior encontro da minha vida. O Senhor Jesus me recebeu e mudou a minha história em uma igreja muito simples no interior da Bahia, cidade chamada Itapetinga.*

*Em uma noite de oração, Deus me chamava para viver a vida de maneira mais leve e abundante.*

*Entreguei minha vida a Cristo e fui envolvido no Seu amor. Dali em diante, a vontade que eu tinha era conhecer mais a Deus.*

*Descobri que só conhecemos alguém quando conversamos com ele e, assim, iniciou o meu chamado no ministério da oração. Orar é o caminho direto ao coração do Pai.*

*Eu precisava compreender a Sua vontade, pois um caminho amplo estava na minha frente, isso poderia ser fundamentado através dos conselhos da Bíblia Sagrada. Então descobri que a oração e a Palavra de Deus são fontes inesgotáveis para uma vida perto do Pai.*

*O maior propósito de Deus é ter uma família com filhos semelhantes a Jesus, a vida com Deus é uma decisão diária. Hoje eu entendo como preciso da presença Dele, assim como preciso do ar para respirar.*

*Uma experiência com Jesus é como uma luz que se acende na escuridão. Hoje meu propósito é declarar que a Palavra de Deus é luz para o caminho e a oração é o transporte para a intimidade com o Senhor Jesus.*
*Experimente orar e veja a diferença em sua vida.*

**Pastor Marcelo Oliveira**
Formação Ministerial STNB — Seminário Teológico Nazareno no Brasil, Campinas/SP

*O Pura Fé Music teve seu início em janeiro de 2016, na cidade de São Paulo. É uma banda de segmento gospel.*

*O ministério nasceu junto com a Igreja Pura Fé através de um convite feito pelo bispo da mesma, Bruno Brito, a nós, Francisco e Fernanda Quintana, para liderarmos essa área. Tudo começou de uma forma bem simples, apenas voz e violão, os cultos eram feitos na casa do bispo Bruno Brito e da bispa Vanessa Batista. Os desafios foram imensos porque viemos do interior de São Paulo, cidade de Hortolândia, não conhecíamos ninguém aqui.*

*No começo, fazíamos bate e volta. Lembro-me de semana após semana chegarmos bem cedo aqui e voltarmos de madrugada para o interior, mas tínhamos a plena convicção e certeza de que*

*Deus nos conduzia e nos chamava para uma grande obra que havia apenas acabado de começar. Não tínhamos nada concreto, somente estávamos certos de que Deus era o idealizador de tudo isso, o crescimento foi aos poucos e de forma bem orgânica.*

*Pudemos viver na prática que por mais que façamos, trabalhemos, nos esforcemos, e isso é natural porque cabe a nós, o crescimento de tudo que fazemos ou plantamos, na verdade, vem de Deus. Quando as coisas estão sob controle e comando Dele, tudo flui com naturalidade. Os processos precisam ser enfrentados, e assim como o sol não dura para sempre, sabemos que a chuva também não. Com o passar do tempo e as experiências aprendemos que o crescimento depende de todas as estações e o nosso dever é sermos constantes e abundantes ao que nos propomos a fazer.*

*Hoje somos uma equipe de 70 pessoas entre banda, coral e vocal, nossa missão é levar a Palavra e o amor de Deus através da música, fazendo com que a pessoa de Jesus seja ainda mais conhecida e relevante em nossa sociedade.*

*Acreditamos profundamente que somente Deus pode preencher o vazio dentro de cada ser humano, Ele pode restaurar, curar, mudar e oferecer a oportunidade de um novo começo e de uma forma bem melódica temos o propósito de passar essa mensagem ao mundo. Sabemos que através da música conectamos as pessoas a Deus, trazendo uma atmosfera em que a presença Dele se torna palpável e real. Nesse ambiente tudo é possível ao que crê.*

**Francisco e Fernanda Quintana**
PURA FÉ MUSIC

*Sou baiano de nascença, mas, aos 8 anos de idade, fui morar em São Paulo. Nesse período, após o colégio, brincava pelas ruas da Vila Zilda, no litoral do Guarujá. Como eu era uma criança muito agitada, minha mãe me levou ao psicólogo para descobrir o motivo de tamanha agitação. O diagnóstico: energia acumulada. O "remédio" para isso era o esporte.*

*Entre os 10 e 11 anos de idade, descobri a capoeira e me apaixonei. Lembro-me até hoje do Mestre Hulk, o meu primeiro mestre. Já aos 17 anos, meus pais decidiram voltar para a maravilhosa Bahia, o que me deixou muito entusiasmado porque foi onde passei parte da minha infância.*

*Ao chegar na cidade, entrei no grupo de capoeira chamado São Francisco, comandado por Mestre Chumbonho e Formado Marcelo, que era mais conhecido como Sombra. Participava de todas as apresentações e eventos. Conforme fui crescendo, fui aperfeiçoando os meus movimentos e conhecimentos sobre a história dos nossos antepassados.*

*Junto com o Mestre Sombra, criamos a Associação de Capoeira Arte Brasileira. Comecei a ensinar capoeira na cidade de Ribeira do Pombal – BA, o primeiro a ensinar pela prefeitura, mas também ajudava o Mestre Sombra a ensinar capoeira na cidade vizinha, em*

*Cipó – BA. Com os meus próprios recursos, comecei a investir nas aulas com o objetivo de expandir e foi nesse processo de expansão que conheci Jhenifer Soares Roberta, uma menina forte e determinada ao sucesso.*

*Jhenifer Soares começou na capoeira através do projeto Capoeira na Escola. No entanto, a dona Josa, mãe de Jhenifer Soares, ficou receosa porque sua filha chegava tarde em casa. Então, decidiu por tirar a menina do projeto. Porém, como uma garota que está determinada ao sucesso, Jhenifer Soares não desistiu, ela armou uma arapuca para pegar a mamãe Josa e eu. Após três horas de conversa, risadas e felicidades, dona Josa pôde perceber que eu tinha um projeto de crescimento não apenas para a sua filha como para ela também.*

*Esse momento foi um marco em nossas vidas. Tenho certeza de que Deus nos colocou naquele lugar para mostrar o quanto éramos parecidos. Fui autorizado por Josa a retornar à sua casa a qualquer hora. A partir disso, Jhenifer Soares começou a se desenvolver na capoeira, a colocar em prática sua liderança e a viajar para todos os lugares. Tive a oportunidade de participar de todas as fases de minha filha Jhenifer Soares.*

*No entanto, não posso esquecer que a turma que minha filha comandava era um terror. Na época, minha namorada, hoje minha fiel escudeira e esposa, Ivana Clara, também sofria de todas as formas, já que a minha filha teve ciúmes.*

*Comecei a demonstrar exemplos de vida para minha menina, fazer comparações de escolhas certas e erradas que, hoje, se transformou em uma linda mulher de muita fibra e coragem. Sim, ela cresceu, cresceu e continua crescendo, e o mais lindo de tudo é que nunca largou a minha mão. Agora é ela quem me orienta e me auxilia a levar a capoeira para outro patamar. Também não posso esquecer do marido de minha filha, PC, que a todo tempo tem pensamentos positivos para o meu crescimento.*

Este livro foi composto em Warnock Pro e Sharpe Personal.
Editora Yesbooks, fevereiro de 2023.